Hans Küng
Spurensuche 2

Zu diesem Buch

Seit es Menschen gibt, suchen sie nach dem, was die Welt übersteigt und umgreift. Auf dieser Suche bietet die Religion Millionen von Menschen Lebenssinn, Orientierung, geistige Heimat. Hans Küng, einer der berühmtesten Theologen unserer Tage, zeichnet spannend und hochinformativ die Welt der großen Religionen nach, zeigt Querverbindungen auf, Gemeinsames und Trennendes. Ihrem Friedenspotential ist er auf der Spur, dem Weltethos in den Weltreligionen. Faszinierende Bögen werden geschlagen: vom Ayers Rock nach Rom, von einer New Yorker Synagoge zum tibetischen Kloster, von Konfuzius zu Muhammad. Der Autor lädt uns ein, in Text und Bild die ebenso vielschichtige wie geheimnisvolle Welt der großen Religionen besser kennenzulernen. Der vorliegende Band 2 stellt die Religionen nahöstlicher Herkunft vor: das Judentum, das Christentum und den Islam. Band 1 befaßt sich mit Stammesreligionen, mit Hinduismus, chinesischer Religion und Buddhismus.

Hans Küng, geboren 1928 in Sursee/Schweiz, ist Professor emeritus für Ökumenische Theologie an der Universität Tübingen und Präsident der Stiftung Weltethos. Sein Werk liegt im Piper Verlag vor. Zuletzt erschienen seine Erinnerungen unter dem Titel »Erkämpfte Freiheit«, sein Grundlagenwerk »Der Islam« sowie »Der Anfang aller Dinge. Naturwissenschaft und Religion« und »Musik und Religion«.

Hans Küng
Spurensuche

Die Weltreligionen auf dem Weg 2

Judentum, Christentum, Islam

Mit zahlreichen Farb- und Schwarzweiß-Abbildungen

Piper München Zürich

Hans Küngs »Spurensuche«, erschienen 1999 im Piper Verlag, München, liegt in der Serie Piper in zwei Einzelbänden vor:

Spurensuche. Die Weltreligionen auf dem Weg 1
Stammesreligionen, Hinduismus, chinesische Religion, Buddhismus (4292)

Spurensuche. Die Weltreligionen auf dem Weg 2
Judentum, Christentum, Islam (4293)

Ungekürzte Taschenbuchausgabe
November 2005
© 1999 Piper Verlag GmbH, München
Umschlag/Bildredaktion: Büro Hamburg
Heike Dehning, Charlotte Wippermann,
Alke Bücking, Kathrin Hilse
Foto Umschlagvorderseite: Corbis (oben links und Mitte) und
Stephan Schlensog, Stiftung Weltethos (oben rechts sowie unten)
Foto Umschlagrückseite: Stephan Schlensog
Karten und Grafiken: Stephan Schlensog
Satz: Grafik- & Satzstudio Schlensog, Tübingen, Studio Christoph Lang, Rottenburg
Druck und Bindung: Westermann Druck Zwickau
Printed in Germany
ISBN-13: 978-3-492-24293-6
ISBN-10: 3-492-24293-6

www.piper.de

Inhalt

Vorwort ... 11

Judentum

Eine jüdische Hochzeit in New York	16
Das Rätsel des Judentums	18
Jüdische Kleidung?	19
Eine Schicksalsgemeinschaft	19
Heimat des Judenvolkes	20
Ein Volk, das es nicht schon immer gab	21
Abraham – ein Immigrant	22
Abraham – eine erste Leitfigur der prophetischen Religionen	23
Streit um Abraham	24
Gegen eine Vereinnahmung Abrahams	26
Die Geburtsstunde des Volkes Israel: der Exodus	27
Mose – eine zweite Leitfigur der prophetischen Religionen	29
Das Zentrum der jüdischen Religion: der Sinai-Bund	30
Des Rätsels Lösung	31
Sinai-Bund setzt Menschheitsbund voraus	32
Der Dekalog – Basis für ein gemeinsames Grundethos	33
Israel – zuerst eine Stammesgemeinschaft	33
Israel wird eine Staatsgemeinschaft	34
David – eine dritte Leitfigur der prophetischen Religionen	36
Die Propheten in Opposition zu Priestern und König	38
Untergang beider Reiche: Ende des Königtums	39
Israel wird eine Theokratie	41
Die Zerstörung Jerusalems und des Tempels	42
Warum das Judentum überlebte	43
Das jüdische Mittelalter	44
Herausbildung des orthodoxen Judentums	46
Christlich-kirchlicher Antijudaismus	48

Die Juden im mittelalterlichen Deutschland: Worms	49
Jüdische Geheimlehre: Kabbala	51
Jüdische Aufklärung: Moses Mendelssohn	52
Auszug aus dem Getto	54
Modernes Reformjudentum	55
Der Streit der Richtungen	56
Jeder Mensch hat einen Namen	58
Zukunft für Juden in Deutschland	60
Die Mitschuld der Christen	62
Die Neugeburt des Staates Israel	63
Die Palästinenserfrage	65
Zwei Olivenzweige	65
Judentum zwischen Säkularismus und Fundamentalismus	67
Der Dekalog als ABC des Menschenbenehmens	69
Was wird die Zukunft sein?	70

Christentum

Am Christentum verzweifeln?	72
Lebendige Christengemeinde	73
Liturgie und soziales Engagement	74
Was ist das Wesen des Christentums?	75
Zeugen des Glaubens	75
Eine frohe Botschaft	77
Ein dramatisches Schicksal	79
Zum Gottessohn eingesetzt	81
Gemeinsame Wurzeln von Judentum, Christentum und Islam	82
Der große Streit in der Urkirche	83
Verlust des jüdischen Wurzelbodens	86
Das Christentum wird griechisch	87
Die Hierarchie setzt sich durch	88
Eine stille Revolution »von unten«	88
Konstantinopel – das Zweite Rom	89
Vom christlichen Glauben zum orthodoxen Dogma	91

Die Slawenwelt religiös-kulturell aufgespalten	93
Moskau – das Dritte Rom	94
Unterwerfung der Kirche unter den Staat	97
Umstrittene Kirche	98
Orthodoxes Osterfest	98
Bilderkult und Mönchtum	100
Gefährdungen und Hoffnungen der Orthodoxie	103
Roms Ehrenprimat in der alten Kirche	104
Das Papsttum setzt sich durch	106
Die Spaltung zwischen Ost- und Westkirche	109
Eine revolutionäre neue Kirchenverfassung	110
Das römische System	111
Papsttum reformierbar?	115
Martin Luther – der Reformator	116
Rückkehr zum Evangelium	118
Spaltung der Westkirche	120
Zwiespältige Ergebnisse der Reformation	123
Christentum konfrontiert mit den Revolutionen der Moderne	124
Christentum in der Defensive	126
Moderne in der Krise	129
Im Übergang zu einer neuen Weltepoche	129
Die Hoffnungsvision	131
Um der Kinder willen	132

Islam

Muslime in Marseille	136
Ruf zum Gebet: Muezzin, Minarett, Moschee	137
Die Muslime – unsere Nachbarn	138
Das tägliche Ritualgebet – Wesenssymbol des Islam	139
Feindbild Islam	140
Selbstkritische Fragen für Christen	142
Islam – die neueste und älteste Religion zugleich	142
Statt darstellender Künste Schönschreibkunst	143

Die Grundlage des Islam: das Glaubensbekenntnis	144
Das Eigentümliche der drei monotheistischen Religionen	145
Der Koran – ein Buch	146
Der Koran – gegenwärtig durch Lesung	147
Für den Muslim der Weg, die Wahrheit und das Leben	148
Wer ist wirklich ein Muslim?	149
Arabien – Geburtsstätte des Islam	150
Ein Prophet steht auf	150
Provozierende Botschaft	151
Medina: die Bildung einer Gemeinde	152
Muslimische Lebenspraxis: die fünf Grundpfeiler des Islam	154
Mekka: das Ziel der Großen Wallfahrt	155
Die Frage der Prophetennachfolge	157
Erste arabische Expansion: die Macht der neuen Religion	159
Kairouan: die älteste Moschee Nordafrikas	159
Eine ethische Hochreligion	161
Jerusalem: ein Heiligtum des Gottes Abrahams	162
Die Spaltung des Islam	164
Das arabische Reich der Umaiyaden: die Zweite Expansion	165
Religion und Gewalt	167
Die »Wende« der Abbasiden	168
Der klassische Islam	170
Islamisches Recht	170
Islamische Theologie	171
Ein kalifenloses islamisches Paradigma?	172
Tunis: Die Lehrstätten des Islam	172
Die Macht der Ulama	174
Der mystische Pfad der Sufis	175
Sufismus als Massenbewegung	177
Statt Vernunftreligion Herzensreligion?	179
Konfrontation Islam – Moderne	180
Identitätskrise des Islam	181
Modernisierung und Säkularisierung: Atatürk	182
Istanbul: Zwischen Tschador und westlichem Outfit	184

Für oder gegen Kopftuch?	185
Neuerwachen des Islam: Zweifel am modernen Paradigma	186
Ist ein reformierter nach-moderner Islam möglich?	187
Wer wird sich durchsetzen?	188
Wir brauchen Brückenbauer	189
Kein Überleben der Welt ohne ein Weltethos	190
Zur Entstehung	193
Ein Wort des Dankes	199
Bildnachweis	202

Inhalt

Liebe Leserin, lieber Leser,

mit dieser zweibändigen Taschenbuchausgabe der »Spurensuche« lade ich Sie ein, in Text und Bild die ebenso vielschichtige wie faszinierend-geheimnisvolle Welt der großen Religionen besser kennenzulernen. Die beiden Bände enthalten das, was jeder Zeitgenosse wissen sollte, wenn er oder sie im heutigen Zeitgeschehen einigermaßen kundig mitreden möchte. Denn heute ist zur Beurteilung der Weltlage Kompetenz nicht nur in Sachen Wirtschaft, Kultur und Gesellschaft gefragt, sondern auch in Sachen Religionen.

Unüberschaubar, unermeßlich scheint diese Welt der Religionen zu sein ... Doch: Es lassen sich auf unserem Globus **drei große Stromsysteme** unterscheiden:
- die Religionen **indischer** Herkunft: **Hinduismus, Buddhismus**;
- die Religionen **chinesischer** Herkunft: **Konfuzianismus, Daoismus**;
- die Religionen **nahöstlicher** Herkunft: **Judentum, Christentum, Islam**.

Für die ersten ist der **Mystiker**, für die zweiten der **Weise**, für die dritten der **Prophet** die Leitfigur. Bei allen Überschneidungen und Überlappungen unterscheidet man deshalb zu Recht zwischen indisch-mystischen, chinesisch-weisheitlichen und semitisch-prophetischen Religionen. Dazu kommen die Stammesreligionen, die – kaum über Schrift-Aufzeichnungen verfügend – gewissermaßen den Wurzelboden für alle Religionen bilden und in verschiedenen Regionen der Welt fortbestehen.

Unbewegt, stillstehend, statisch scheint diese Welt der Religionen zu sein ... Doch: Alle großen Religionen haben im Lauf der Jahrtausende nicht nur eine organische Entwicklung, sondern mehr oder weniger deutlich feststellbare Umbrüche, Krisen und Neuformungen durchgemacht, **mehrere epochale Paradigmenwechsel**. Alle diese Religionen haben ihre Ursprungszeit, ihre Frühform, ihre »mittelalterliche« Ausgestaltung und ihre Umgestaltung in der Konfrontation mit der Moderne. Und sie alle stehen heute mitten im Übergang zu einer neuen Weltepoche, die man »nachmodern« oder wie immer sonst nennen mag. Ihre Zukunft im dritten Millennium ist kaum vorauszusagen. Wir leben in einer spannenden Übergangszeit mit ebenso vielen Befürchtungen wie Hoffnungen.

Unstimmig, widersprüchlich scheint die Welt der Religionen zu sein ... Doch: Es lassen sich bei allen nicht zu unterschätzenden Unterschieden und Verschiedenheiten in Glauben, Lehre und Ritus auch Ähnlichkeiten, Konvergenzen und Übereinstimmungen feststellen. Nicht nur weil Menschen in allen Kulturkreisen vor dieselben großen **Fragen** gestellt sind: die Urfragen nach dem Woher und Wohin von Welt und Mensch, nach der Bewältigung von Leid und Schuld, nach den Maßstäben des Lebens und Handelns, dem Sinn von Leben und Sterben. Sondern auch weil die Menschen in den verschiedenen Kulturkreisen von ihren Religionen vielfach ähnliche **Antworten** erhalten. Sind doch alle Religionen zugleich Heilsbotschaft und Heilsweg. Vermitteln doch alle Religionen eine gläubige Lebenssicht, Lebenseinstellung und Lebensart.

Aber wird es denn überhaupt möglich sein, auf verhältnismäßig wenigen Seiten diese riesige, komplexe Welt der Religionen einzufangen? Zu erzählen, zu beschreiben, zu erklären alles das, was sich da in den vielen Jahrtausenden herausgebildet hat? Nein, eine »Geschichte der Religionen« wollte ich nicht schreiben; dafür gibt es zahllose, oft vielbändige Werke von hervorragenden Spezialisten, die ich immer wieder konsultiert und in früheren Werken (vgl. Überblick am Schluß) in reichem Maß zitiert habe, wozu die »Spurensuche« jedoch nicht der Ort ist. Aber eine Zusammenschau der Religionen, heute dringend erfordert, will ich sehr wohl bieten. Und darauf habe ich mich durch viele Jahrzehnte hindurch vorbereitet. In der Tat ist ein ganzes Leben in dieses Projekt eingeflossen, und an dessen Schluß habe ich die lange **Entstehungsgeschichte** ein klein wenig nachzuzeichnen versucht.

Von Anfang an sollte deutlich sein, was dieses Werk sein will und was es nicht sein will:
– Es ist keine bloße Reportage, die schlicht schildert, wie sich heute die Lage der Religionen in den verschiedenen Ländern darstellt. Wohl aber ist es eine **aktuelle Darstellung**, die bei jeder Religion von der Gegenwart ausgeht, diese auf dem Weg durch die Jahrhunderte ständig vor Augen hat und am Schluß wieder zur Gegenwart zurückkehrt.
– Es ist aber auch keine umfassende Geschichtsschreibung, die gar neueste Forschungsergebnisse bieten möchte. Wohl aber ist dieses Buch

eine **historisch-systematische Gesamtschau**, bei der auf engstem Raum bei jeder Weltreligion die geschichtlichen Epochen gesichtet und deren große Paradigmen und Paradigmenwechsel analysiert werden. Denn nur aus den Konstellationen der Vergangenheit heraus, die sich vielfach nebeneinander durchhalten, läßt sich die Gegenwart verstehen.

So ist denn ein Werk zu den Religionen entstanden, das in Text wie Bild möglichst **sachlich** zu sein versucht. Zu dieser Sachlichkeit gehört eine ganzheitliche Methode. Deshalb sollten soweit wie möglich und notwendig die sozialen, politischen, geschichtlichen Zusammenhänge jeder Religion zur Sprache gebracht werden; Religionen, bei denen man schon viele Kenntnisse voraussetzen kann (z. B. Christentum) konnten knapper dargestellt werden als bei uns weniger bekannte (z. B. indische und chinesische Religion). Ein Sachbuch also, das aber **nicht »neutral«** berichtet, sondern in einer ganz bestimmten Richtung **engagiert** ist. Ja, es sind sogar – blau unterlegt – eine Reihe von sehr persönlichen Statements wiedergegeben, wie ich sie im Rahmen der Fernsehserie »Spurensuche« an den verschiedenen »Schauplätzen« vor Ort zwar wohlvorbereitet, aber doch unter dem Eindruck des augenblicklichen Erlebens, manchmal unter schwierigen Umständen und in ungefeilter Sprache, abgegeben habe.

Mit diesem Projekt ist mir denn die ungeheure Chance geboten worden, überall in der Welt in der vieltausendjährigen Geschichte der Religionen nach **Spuren** zu suchen: Spuren, die zum Frieden führen, Spuren, die zu einem menschenwürdigeren Leben helfen können: Spuren eines gemeinsamen Menschheitsethos.

So enthält die »Spurensuche« für ihre Leserinnen und Leser:
– eine seriöse und vielfach überprüfte **Information**,
– eine angesichts der Unübersichtlichkeit der Religionenvielfalt helfende **Orientierung**,
– eine zu einer neuen Einstellung zu Religion und Religionen anregende **Motivation**.

Die **negativen Seiten** der Religionen, mir aus persönlicher Erfahrung nur zu gut bekannt, werden in keiner Weise verschwiegen. Ihr aggressives Potential ist wohlbekannt und braucht hier nicht ausgewalzt zu werden. Dies alles bildet ja den Ausgangspunkt meiner Bemühungen um den Frieden zwischen den Religionen. Mehr als an diesen offenkundigen negativen Seiten sind vielleicht auch die Leserinnen und Leser an der **positiven Funktion** der Religionen interessiert: Warum sind Milliarden von Menschen in allen Erdteilen religiös? Was ist der Ursprung und das Wesen dieser kulturellen Phänomene, die in allen Völkern und zu allen Zeiten zu finden sind? Welche Entwicklungen haben die großen Religionen durchgemacht, und was sind dabei besonders ihre ethischen Konstanten, die für ungezählte Menschen sich tagtäglich auswirken? Wo ist Trennendes, und wo ist vor allem Gemeinsames? Was ist der Beitrag der Religionen zu einem erst langsam ins Bewußtsein der Menschheit tretenden Menschheitsethos, einem Weltethos?

Nach der Lektüre werden Sie, lieber Leser, liebe Leserin, vielleicht die Überzeugungen mit mir teilen: Ziel einer weltweiten Verständigung zwischen den Religionen kann und soll keine Welteinheitsreligion sein. Eine solche zeichnet sich ohnehin nirgendwo auf der Erde ab. Auch im neuen Jahrtausend kann die Vielfalt der Religionen eine wechselseitige Bereicherung sein.

Ziel einer weltweiten Verständigung zwischen den Religionen soll ein gemeinsames Menschheitsethos sein, das aber Religion nicht ablösen soll – wie dies manchmal fälschlicherweise vermutet wird. Das Ethos ist und bleibt nur eine Dimension innerhalb der einzelnen Religion und zwischen den Religionen. Also: keine Einheitsreligion, auch kein Religionencocktail und kein Religionsersatz durch ein Ethos. Vielmehr ein Bemühen um den dringend erforderlichen Frieden zwischen den Menschen aus den verschiedenen Religionen dieser Welt. Denn:

**Kein Frieden unter den Nationen
ohne Frieden unter den Religionen.**

**Kein Frieden unter den Religionen
ohne Dialog zwischen den Religionen.**

**Kein Dialog zwischen den Religionen
ohne globale ethische Maßstäbe.**

**Kein Überleben unseres Globus
ohne ein globales Ethos, ein Weltethos.**

Judentum

Eine jüdische Hochzeit in New York

Eine Hochzeit wie jede andere – und doch nicht wie jede andere: eine jüdische Hochzeit. Mitten in New York, er Israeli, sie Amerikanerin. Entscheidend der Ehevertrag (*ketubba*), vom Rabbiner erläutert, in dem die traditionellen Pflichten des Mannes gegenüber seiner Frau festgelegt sind. So wird er unterschrieben, von beiden: ein schön verziertes Dokument zum Aufhängen in der Wohnung. Ein uralter Ritus in moderner Umgebung, ein freudiges Ereignis. Über Tausende von Meilen haben sich zwei Menschen gefunden. Ein schönes Zeichen dafür, daß das Judentum eine Weltreligion ist.

Doch wie verschieden sind sie – alle diese jüdischen Gesichter. Wie verschieden erst, wenn man einen repräsentativen Querschnitt der 1,7 Millionen Juden in New York oder gar der 5,7 Millionen Juden in den USA geben wollte. Hier leben ja viel mehr Juden als in Israel, wo von den 5,7 Millionen Einwohnern nur 81 Prozent Juden sind. Die amerikanischen Juden denken nicht an eine »Heimkehr« nach Israel. Sie fühlen sich politisch-kulturell zuallermeist als Amerikaner, nicht als »Auslandsisraelis«. Sie sprechen Englisch, oft kein Hebräisch. Sie glauben an Gott oder auch nicht, beobachten das Religionsgesetz – ganz, nur zum Teil oder überhaupt nicht.

Die Hochzeit wird geschlossen unter dem prächtigen Trau-Baldachin, der »Chuppa«, ursprünglich als »Brautgemach« (Psalm 19,6) ein Tragzelt, unter dem die Eheschließungen vollzogen wurden. Dabei singt der Rabbiner zuerst den alten Segensspruch über dem Becher mit Wein. Sowohl der Bräutigam wie die Braut trinken aus dem gemeinsamen Becher einen Schluck.

Es folgt das zentrale Element der Eheschließung. Beide tauschen die Ringe und geben sich das Eheversprechen. Der Bräutigam: »Mit diesem Ring bist du mir geheiligt als meine Frau in Übereinstimmung mit dem Gesetz des Mose und des Volkes Israel.« Und sie: »Ich gehöre meinem Geliebten, und mein Geliebter gehört mir. Dieser Ring ist ein Symbol, daß du mein Mann bist und ein Zeichen meiner Liebe und Verehrung.« Nur wenn der Bräutigam selber den Ring gekauft hat, ist die Eheschließung rechtsgültig.

Der Rabbiner wiederholt noch einmal das Eheversprechen des Bräutigams wie das der Braut. Die Brautleute, so fügt er hinzu, haben gelobt, zu wirken für den Fortbestand des Judentums und des jüdischen Volkes in Heim, Familienleben und gemeinschaftlichen Unternehmungen. Dann die feierliche Bestätigung: »So sei also diese Ehe am heutigen Tag geschlossen und bezeugt nach dem Gesetz des Staates New York und nach jüdischem Brauch.«

Schließlich wird Bräutigam und Braut der Gebetsschal (*tallit*) umgelegt, dem Bräutigam von den Schwiegereltern zu diesem Tag geschenkt. Und es folgt der Schlußsegen: »Gott segne und beschütze euch.« Und er möge ihnen geben die kostbarste Gabe: »Schalom«, Frieden in einer Welt des Friedens.

Die Feier endet traditionell mit dem Zerbrechen des Glases, hier in ein Tuch gehüllt, ursprünglich vielleicht zum Vertreiben der bösen Geister, heute verstanden als Symbol für die Zerstörung des Tempels, ein Zeichen der Erinnerung selbst in diesem allerfröhlichsten Moment.

Das Rätsel des Judentums

Nach jüdischem Verständnis wird also die Ehe ganz wesentlich gesehen als Institution zum Fortbestehen des Judentums und des jüdischen Volkes. Dieses sehr kleine Volk sieht sich in der heutigen multikulturellen Gesellschaft mehr als andere bedroht – durch die vielen Mischehen und dann oft auch den Abfall vom Glauben. Doch ist Glaube für den Juden notwendig?

Jude ist nach orthodoxem Verständnis, wer von einer jüdischen Mutter geboren ist oder sich zum Judentum bekehrt hat. Doch diese Definition löst noch keineswegs das **Rätsel des Judentums**. Ein Rätsel für Nicht-Juden, aber oft auch für Juden selbst: **Keine Rasse, aber was dann?**
– Juden haben einen Staat und sind doch mehrheitlich nicht seine Bürger.
– Sie sind ein Volk und doch keines, eine Sprachgemeinschaft und doch keine, eine Religionsgemeinschaft und doch keine.

Orthodoxe Juden sind auch äußerlich an Kaftan, Hut, Bart und Schläfenlocken als Juden zu erkennen.

Jüdische Kleidung?

Nur eine Minderheit, oft »Chassidim«, »Fromme« genannt, sind auch äußerlich als Juden zu erkennen. Kaftan, Hut, Bart und Schläfenlocken sind Kennzeichen **orthodoxer** Juden: der »Gesetzestreuen«, »Tora-Treuen«; ihre Frauen bedecken das natürliche Haar mit Hut, Tuch oder Perücke. Sie halten sich nicht nur an die »geschriebene Tora«, die Fünf Bücher Mose, sondern auch an die »mündliche Tora«, all das, was in den Kommentaren der Rabbiner als verbindlich angesehen ist.

Nicht-orthodoxe Juden dagegen tragen eine Kopfbedeckung (*kippa*) bestenfalls bei religiösen Angelegenheiten – wo immer der Name Gottes ausgesprochen wird als Zeichen des Respekts und der Ehrfurcht. Sie sehen keinen Anlaß, in der heutigen modernen Welt eine aus dem Polen des 17. Jahrhunderts übernommene Kleidung, besonders den schwarzen Hut oder Kappen im täglichen Wandel und Handel zu tragen, wie es die Chassidim tun. Lange Jahrhunderte kannten die meisten Juden ja überhaupt keine unterscheidende Kleidung.

Ob nach der Kleidung zu unterscheiden oder nicht: Anders als in New York und in Israel sind Juden überall auf der Welt zahlenmäßig meist eine kleine Minderheit. Aber geistig, religiös, kulturell und wirtschaftlich sind sie eine Großmacht, die Weltgeschichte geschrieben und selber durchgemacht hat: **eine Weltreligion ganz eigener Art**. Überall in der Welt hat diese Religion ihre Synagogen. In New York ist die älteste, ständig in Gebrauch gebliebene die Central Synagogue an der Park Avenue.

Eine Schicksalsgemeinschaft

Viele Semester habe ich in den Vereinigten Staaten und auch hier in New York doziert und bin da selbstverständlich vielen jüdischen Menschen **verschiedenster Herkunft, Kultur, Sprache, Staatsangehörigkeit** begegnet. Und immer wieder habe ich mich gefragt: Was eint eigentlich alle diese Menschen?

Wenn man die, die hier aus der Synagoge kommen, und auch

die, die nie in eine Synagoge gehen, fragen würde, würden sie antworten: Juden haben nun einmal gemeinsame **Erfahrungen** hinter sich, gemeinsame Erzählungen und Überlieferungen. Eine gemeinsame **Geschichte**. Ja, sie teilen in etwa ein gemeinsames jüdisches **Geschick**. Und so bildete sich durch die Jahrtausende eine **Schicksalsgemeinschaft**.

Man fragt natürlich: Worin gründet denn diese Schicksalsgemeinschaft? Sie gründet in der **Wechselwirkung** von drei Größen: **Israels Volk**, **Israels Land** und **Israels Religion**. Und von daher kommt ein bestimmtes Zusammengehörigkeitsgefühl in alle diese Menschen, auch ein Solidaritätsbewußtsein zumindest in Krisenzeiten, und in vielen Dingen auch eine gemeinsame geistige Haltung. Von daher erklärt es sich, daß das Judentum eine einzigartige, bewundernswerte **Durchhaltekraft** bewiesen hat durch all die Jahrhunderte des Friedens und die Jahrhunderte der Verfolgung.

Heimat des Judenvolkes

Heimat des Judenvolkes wurde schon früh Kanaan. Das ist ein schmales Durchgangsland im Schnittpunkt zwischen dem Mittelmeer im Westen und der syrisch-arabischen Wüste im Osten. Im Süden die Großmacht Ägypten und im Norden die Gegenmacht Mesopotamien. Es ist ein Land mit Wüsten, Bergen und nur wenigen fruchtbaren Ebenen.

Doch die Hochreligionen vom Nil wie die von Euphrat und Tigris versanken schon vor mehr als 2000 Jahren; ihre großartigen Relikte bewundern wir in den großen Museen der Welt. Dauer und Zukunft sollte allein die Religion des kleinen Volkes der Bibel haben, das nicht nur eine Schicksalsgemeinschaft, sondern auch eine Erzählgemeinschaft bildet. Erzählungen von den Stammvätern und den zwölf Stämmen bilden die Grundlage.

Die New Yorker Diamond-Street: ein Brennpunkt jüdischen Lebens.

Ein Volk, das es nicht schon immer gab

Anfänglich waren diese ganz einfachen Geschichten rund um Gestalten wie Abraham, Isaak und Jakob nur mündlich überliefert worden. Und historisch lassen sie sich soviel und sowenig verifizieren wie die Epen Homers, das Rolandlied, die Tell- oder die Nibelungensage. Es sind dies eben allesamt keine Biographien, freilich auch keine reinen Märchen. Es sind **Sagen**.

Sagen zeichnen sich durch Kürze, Vereinfachung und Konzentration auf wenige Personen aus. Sie haben in der Regel einen **historischen Kern**, auch wenn dieser sich schlecht datieren läßt. Und sie haben ein **historisches Fundament**: Schimmern doch gerade in jenen biblischen Patriarchenerzählungen soziokulturelle Verhältnisse – ein »Sitz im Leben« – durch, wie sie in den rund 500 Jahren zwischen 1900 bis 1400 vor Christus in Palästina geherrscht haben müssen. Wir kennen sie schon von außerbiblischen Quellen wie etwa Sinuhe dem Ägypter her, der dort

(20 Jahrhunderte v. Chr.) unter Halbnomaden gelebt hat. Diese Sagen mit gängigen westsemitischen Personennamen haben sich schließlich im ersten Buch der Bibel, dem Buch Genesis, niedergeschlagen. Komponiert wurde es aus verschiedenen mündlichen Quellen, in einem Entstehungsprozeß, der rund fünf Jahrhunderte umfaßt haben dürfte.

Und nun das Erstaunliche: Dieses Volk weiß sehr wohl, daß es im Vergleich zu den Nachbarvölkern **ein relativ junges Volk** ist, welches es keineswegs schon immer gab. Es verknüpft seine Geschichte nicht wie die Völker Ägyptens und Mesopotamiens direkt mit einer mythischen Göttergeschichte. Vielmehr bleibt es sich seiner späten Volkwerdung in einem fremden Land voll bewußt. Die erste historische Erwähnung des Namens »Israel« findet sich denn auch erst auf der sogenannten Israel-Stele des Pharaos Amenophis III. in der 18. Dynastie (14. Jahrhundert v. Chr).

Das Buch Genesis erzählt freilich zunächst eine lange **Urgeschichte:** eine Universalgeschichte der Menschheit überhaupt: Schöpfung der Welt und des Menschen – Sündenfall – Sintflut – Bund mit Noah – Turmbau zu Babel (Kap. 1-11). Erst dann folgen als **Vorgeschichte** die drei Sagenkreise um die Patriarchen oder Stammväter Abraham, Isaak (sowie Ismael) und Jakob, genannt Israel (sowie Esau) (Kap. 12-36). Dies alles ist die große Einleitung zur **Geschichte der zwölf Stämme,** jener elf Brüder, die Jakobs Lieblingssohn Joseph nach Ägypten verkauften (Kap. 37-50).

Abraham – ein Immigrant

Die Überlieferung sagt: Aus Mesopotamien, diesem Land der Turmbauten, ist **Abraham** mit seiner Sippe von Kleinviehnomaden, wie man sie noch heute überall im Nahen Osten findet, ausgewandert: aus der reichen südmesopotamischen Stadt Ur, mit dem mehrstufigen Höhentempel (*zikkurat*), der dem Mondgott Sin gewidmet ist.

Der Überlieferung zufolge zog Abraham mit seiner Familie nach der nordmesopotamischen Stadt Haran am großen Euphratknie. Von da weiter nach Palästina, das damals von den Kanaanitern bewohnt wurde. Abraham war also von Anfang an kein Einheimischer, sondern ein Immigrant, der bis zu seinem Tod im hohen Alter ein »Fremder« blieb. So wie

Abraham: Ur-Repräsentant des Monotheismus, Archetyp der prophetischen Religionen.

die Beduinen heute am Rand der Städte, so könnte Abraham zu seiner Zeit gelebt haben.

Abraham – eine erste Leitfigur der prophetischen Religionen

Doch warum spielt Abraham bis heute eine so grundlegende Rolle nicht nur in der Hebräischen Bibel, sondern auch im Neuen Testament und selbst im Koran, wo er nach Mose die am häufigsten erwähnte biblische Figur ist? Der Grund: Von ihm stammen sie alle ab: zunächst einmal **Isaak und Jakob**, die Stammväter Israels und Jesu Christi. Dann aber auch **Ismael**, der Stammvater der Araber, später der Muslime.

Sie alle erhalten Verheißungen Gottes. Israel soll zu einem großen Volk werden und ein bewohnbares Land erhalten. Auch Ismael soll ein Volk werden und Abraham so ein Segen für alle Völker:

Judentum

Deshalb hat Abraham eine überragende ökumenische Bedeutung als **Stammvater der drei großen Religionen allesamt nahöstlich-semitischen Ursprungs**. Der Patriarch hat zu seiner Zeit möglicherweise noch andere Götter unter dem einen höchsten Gott gekannt (der streng exklusive Monotheismus hat sich erst mit der Zeit aus dem Henotheismus entwickelt), doch keinesfalls einen konkurrierenden bösen Gott und auch keine weibliche Partnergottheit. Deshalb ist Abraham für alle drei Religionen der **Ur-Repräsentant des Monotheismus**, der **Archetyp der prophetischen Religionen**.

Abrahams Glaube unterscheidet sich zutiefst von der Religiosität, wie man sie in den mystischen Einheitsreligionen Indiens oder den Weisheitsreligionen Chinas findet. Denn Abraham ist der Mensch, der Gott nicht »in sich« erkennt wie die Inder und auch nicht einfach »über sich« wie die Chinesen. Nein, »**vor** Gott« steht und wandelt er und bringt dabei Gott ein **unbedingtes, unerschütterliches Vertrauen**, eben **Glauben**, entgegen – selbst wo ihm Gott das Opfer seines Sohnes zuzumuten scheint; der jüdische Maler Marc Chagall hat Abrahams Glauben unvergleichlichen Ausdruck verschafft. Deshalb nennt man denn die drei abrahamischen Religionen auch **Glaubensreligionen**.

Streit um Abraham

Das einzige Eigentum, das Abraham erwarb, soll ein Grundstück bei Hebron gewesen sein für ein Familiengrab. Doch die Bibel legt Wert darauf: Er **nahm das Land nicht mit Gewalt**. Vielmehr verhandelte er respektvoll mit den hier seit Jahrhunderten Ansässigen, deren Recht auf das Land er von vornherein anerkannte.

Abrahams Grab wird bis heute jüdischen, christlichen und muslimischen Pilgern und Touristen gezeigt – in Hebron (Kyriat Arba). Ein Ort, der heute mehrheitlich palästinensisch ist, mit einer neuen jüdischen Siedlung im Zentrum; diese muß besonders nach dem Massaker eines jüdischen Siedlers im Grabmal, dem 29 Muslime zum Opfer fielen, von einem großen Kontingent israelischer Soldaten geschützt werden. Dabei ist das heutige große Grabmal buchstäblich ein Drei-Religionen-Bau: Denn über dem Abrahamsgrab wurde eine Befestigung des Königs Herodes errichtet, darüber eine Moschee, die in eine Kreuzfahrer-Basilika umgebaut wurde.

Heute aber dürfen – zur Vermeidung von weiteren Konflikten – Muslime und Juden nur zu verschiedenen Zeiten durch verschiedene Eingänge das Grab Abrahams und der anderen Patriarchen besuchen. Durch den linken Eingang, zusammengerufen vom Muezzin, mittags die Muslime: Für sie hat Abraham, arabisch Ibrahim, die ursprüngliche Offenbarung empfangen, wie sie unverfälscht nur im Koran niedergelegt ist. Am Abend dann, hinauf zum rechten Eingang, die jüdischen Siedler, streng bewacht. »Israels Volk« hat Anspruch auf »Israels Land«, das ist für sie schon in der Gestalt Abrahams begründet.

Die Gemeinsamkeiten zwischen Juden und Muslimen werden dabei leicht übersehen. Sind denn Juden und Muslime nicht schon ethnisch

Das »Grab Abrahams« in Hebron: Pilgerziel für Juden, Christen und Muslime.

miteinander verwandt? Beide sind Semiten, haben eine ganz ähnliche Sprache. Und auch Christen erkennen in Abraham das Vorbild ihres Glaubens. Ja, für alle drei prophetischen Religionen ist er der Vater des Glaubens.

Gegen eine Vereinnahmung Abrahams

Allerdings versuchten im Lauf der Jahrhunderte alle drei Religionen **Abraham** für sich exklusiv zu **vereinnahmen**:
– Juden haben Abraham »judaisiert«: Der Segen für die Völker wird allein auf Israels Volk und Land bezogen; Abraham sei der Stammvater allein des jüdischen Volkes; er habe bereits alle 613 Gebote der Tora bis ins kleinste Detail gehalten, ohne daß er sie gelernt hätte.
– Christen haben Abraham »christianisiert«: Alle ihm gegebenen Verheißungen seien in Jesus Christus und in ihm allein erfüllt.
– Muslime haben Abraham »islamisiert«: Er gilt als vorbildlicher Muslim, dessen Praxis ihn von Juden und Christen unterscheide; der Islam sei im Grunde die älteste Religion.

Doch trotz all der verschiedenen Interpretationen und Akzentuierungen: Abraham bleibt der Urzeuge für den Glauben an den einen und selben Gott, welcher der Gott der Juden, Christen und Muslime ist. Abraham ist so die **erste große Leitfigur** jener drei Religionen, die nicht umsonst **abrahamische Religionen** genannt werden. Denn auch abgesehen von der gemeinsamen Abstammung: Juden, Christen und Muslime haben, wie angedeutet, weithin ein ähnliches Grundverständnis nicht nur von Gott, sondern auch von Welt und Mensch. Ein ähnliches Verständnis auch von der Geschichte der Menschheit und dem Einzelmenschen, die nicht in kosmischen Zyklen verläuft, sondern zielgerichtet fortschreitet durch die Zeiten. Eine Geschichte, in der der geheimnisvoll unsichtbare Gott ständig am Wirken ist.

So werden denn Judentum, Christentum und Islam als die drei großen **monotheistischen Glaubensreligionen** bezeichnet. Man nennt sie auch **ethische Religionen**: Denn für alle drei ist der Mensch von Gott, dem Barmherzigen (*ha-rahman*; arabisch *ar-rahmani*) und Gerechten, abhängig. Aber zugleich ist der Mensch für sein eigenes Tun verantwortlich – als Gottes Ebenbild oder Stellvertreter.

Die Geburtsstunde des Volkes Israel: der Exodus

Das jüdische Ethos ist freilich mit einer zweiten großen Leitfigur verbunden: mit Mose und dem Exodus aus Ägypten. Die jüdische Familie feiert traditionellerweise jedes Jahr dieses **Grunddatum der israelitischen Geschichte**: die »Befreiung aus Ägypten«. Schon in jedem jüdischen Morgen- und Abendgebet wird Israels **Urbekenntnis** gebetet: das Bekenntnis zum einen **Gott, der Israel aus Ägypten befreit hat**. Besonders aber am **Pessach- oder Passah-Fest** wird dieses grundlegenden Ereignisses des jüdischen Glaubens gedacht: Als letzte Plage für den Pharao habe – so geht die Sage – der Engel des Herrn alle Erstgeborenen der Ägypter sterben lassen, die der Israeliten aber verschont! Das Wort »Pessach« meint denn auch »Vorübergang« Gottes, »Verschonung« durch Gott.

Manche Bibelwissenschaftler vermuten hinter dem Pessach-Opfer einen Opfer- und Blutritus zur Abwehr der Dämonen, wie er anläßlich des alten nomadischen Frühlingsfestes zum Schutz des neuen Lebens der Herden in diesen Regionen vollzogen wurde. Jedenfalls scheint das nomadische und das bäuerliche Mazzot-Fest anläßlich der ersten Getreideernte zu einem einzigen zusammengeschlossen und mit der Erinnerung an den Auszug aus Ägypten verbunden worden zu sein.

Was aber geschieht beim **Pessach-Mahl einer jüdischen Familie**? Das Familienoberhaupt im weißen Gewand des Hohenpriesters spricht den Segensspruch (*kiddusch* – »Heiligung«), die Anrufung Gottes, der »die Frucht des Weinstocks erschaffen und Israel und die Zeiten geheiligt« hat.

Im Buche Exodus, in der Erzählung über den Auszug aus Ägypten, heißt es: »An diesem Tag erzähle deinem Sohn: Das geschieht für das, was der Herr an mir getan hat, als ich aus Ägypten auszog« (13,8). So stellt der Jüngste der Familie die traditionelle Frage: »Was unterscheidet diese Nacht von allen anderen Nächten?« Die Antwort: »An allen anderen Nächten essen wir Gesäuertes (Brot) und Ungesäuertes, heute nacht nur Ungesäuertes, in dieser Nacht nur Bitterkraut.«

»Seder-Teller« des Pessach-Mahls: das Beingelenk eines Lammes, ein Ei, Früchte des Frühlings und Mazzen.

Aus der Haggada, der »Erzählung vom Auszug«, soll an diesem Abend gelesen werden. In vielen Bildern (berühmt die der Sarajewo-Haggada) werden vor allem die Fronarbeiten in Ägypten dargestellt, der verstockte Pharao und die zehn seinem Volk zugefügten Plagen sowie der Weg durch das Schilfmeer zur Rettung vor den Ägyptern.

Der kunstvoll gefügte **Exodus-Zyklus** der Bibel ist in manchem undurchsichtig, und historisch ist vieles umstritten. Nur einige von den Stämmen mögen die Exodus-Gruppe, die Jahwe- oder Mose-Schar, gebildet haben. Doch was immer sich historisch abgespielt haben mag: Die Erinnerung an eine einstmals erfolgte Befreiung des Volkes aus der ägyptischen Knechtschaft ist und bleibt bis heute **grundlegend für das Selbstverständnis des ganzen Volkes Israel**. Deshalb steht im Zentrum der Pessach-Feier die vom Hausvater vorgelesene Erzählung vom Auszug. Dieser ist die **Geburtsstunde** des Volkes Israel.

Aufgetragen ist jetzt das Pessach-Mahl: das Beingelenk eines Lammes, ein Ei, Früchte des Frühlings und die **Mazzen**: Brote, die wegen der großen Eile des Aufbruchs ungesäuert blieben. Das Brechen dieser Brote ebenso wie der Wein, der da gereicht wird, erinnern Christen an Jesu letztes Abendmahl, von dem manche annehmen, es sei an einem Pessach-Fest gewesen.

Aber charakteristisch für das jüdische Pessach ist weiter, daß nicht nur ungesäuerte Brote gegessen werden. Es werden auch **bittere Kräuter** gereicht. Diese sollen an die Bitterkeit der ägyptischen Knechtschaft erinnern. Eine Bitterkeit, die nach dem Verzehr von allen mit Abscheu quittiert wird.

Vier Becher Wein werden getrunken. Ein fünfter Becher wird gefüllt, aber nicht geleert. Es ist der **»Becher des Elia«**. Er weist hin auf die erhoffte letzte Erlösung des Volkes Israel. Deshalb wird die Tür geöffnet: Erwartet wird für jedes Pessach immer wieder neu die Rückkehr des Elia, Vorzeichen der Ankunft des Messias, der vor der Tür steht.

Mose – eine zweite Leitfigur der prophetischen Religionen

Die große symbolische Figur des Volkes Israel aber ist nicht Elia, sondern **Mose**. Er, der Bote Gottes, Führer des Volkes, Geber des Gesetzes, gar Gottes Stellvertreter, ist eine höchst komplexe **charismatische Gestalt**. Ein inspirierter Führer, der aber selber nicht kämpft. Ein Offenbarungsträger, der aber durchaus ein Mensch mit Schwächen ist. Ein Kultstifter, der persönlich aber keine Opfer darbringt.

Zwar haben die einzelnen Religionen auch Mose für sich allein zu vereinnahmen versucht: Sie haben ihn »judaisiert« (als »Rabbi« Mose), »christianisiert« (als »Vorbild Christi«), »islamisiert« (als »Vorläufer Muhammads«). Trotzdem: Für alle drei Religionen ist und bleibt er der große Anführer der Befreiung und der Wüstenwanderung sowie neben Abraham **Ur- und Vorbild aller Propheten**: die zweite große Leitfigur aller drei abrahamischen Religionen.

Mose ist denn auch der typisch prophetische Mensch im Geist einer nahöstlich-semitischen Glaubens- und Hoffnungsreligion. Sie erfährt Gott als ein »Du«, als eine Wirklichkeit, die den Menschen anspricht und von ihm eine Antwort, Verantwortung erwartet. Die Berufung des Mose zum Befreier seines Volkes geschieht vor einem brennenden und doch nicht verbrennenden Dornbusch. Wiederum ist es Marc Chagall, der diese Offenbarung wie kein anderer ins Bild zu bringen verstand; Gott selbst

Mose: charismatischer Anführer, Befreier, Ur- und Vorbild aller Propheten.

ist nicht dargestellt und so das Gebot seiner Bildlosigkeit respektiert. Auf die Frage, wer ihn berufe, erhielt Mose von Gott Jahwe die geheimnisvolle Antwort: ehje ascher ehje, »ich bin da, als der ich dasein werde« (Ex 3,14). Das heißt: Ich werde bei Euch sein, leitend, helfend, stärkend und befreiend. Der Glaube an diesen Gott bleibt konstante Grundlage des Volkes Israel: ein Gott, erfahren nicht als Despot, Sklavenhalter, sondern als Befreier und Erretter.

Das Zentrum der jüdischen Religion: der Sinai-Bund

Der **Sinai-Zyklus** ist wohl ursprünglich selbständig überliefert worden. Und erneut ist es nicht leicht herauszufinden, was sich historisch hinter den Erzählungen vom Erscheinen Jahwes (ein Gott des Berges? Wo aber ist der Gottesberg?), den »Zehn Geboten« und dem Schließen des Bundes verbirgt. Der heutige Berg **Sinai** jedenfalls ist ein uraltes Kulturgebiet. Hier hat man eingeritzte Worte gefunden, die von semitischen Fronarbeitern des Pharaos in den Kupfer- und Malachitminen des Sinai stammen. Und diese Inschriften sind die ältesten Belege für das (auch von den Griechen übernommene) kanaanäisch-phönikische 22-Buchstaben-Alphabet.

Inhaltlich aber ist mit der Sinai-Tradition dies ausgesagt: Es geht um eine ganz besondere Beziehung von Jahwe zur Jahwe-Schar. Hier wird jenes **Sonderverhältnis von Gott und Israel** begründet, das man später »**Bund**« (*berit*) nennen wird. »Ihr sollt mir ein Königreich von Priestern sein und ein heiliges Volk« (Ex 19,6). Wir sind hier wirklich beim Zentrum und Fundament der jüdischen Religion. Kein israelitischer Glaube, keine Hebräische Bibel, keine jüdische Religion ohne das immer deutlicher formulierte Bekenntnis, ohne die »Bundesformel«: »**Jahwe ist der Gott Israels und Israel sein Volk!**«

Des Rätsels Lösung

Nur von diesem Grundgedanken her versteht man das bleibende **Rätsel** des jüdischen Volkes: Nur von daher erklärt sich:
- seine **Originalität** seit früher Zeit,
- seine **Kontinuität** in der langen Geschichte durch die Jahrhunderte bis heute,
- seine **Identität** trotz aller Verschiedenheit der Sprachen und Rassen, Kulturen und Regionen unter verschiedenen epochalen Konstellationen oder Paradigmen.

Der Bundeszusage Gottes entspricht die Bundesverpflichtung des Volkes. Dem **Bundesschluß** entspricht die **Gesetzgebung**. Bund (*berit*) und Bundesgesetz (*tora*) gehören zusammen. Doch war die **Tora** am Anfang zweifellos noch kein allumfassendes Gesetzeskorpus. Es ging weniger um »Gesetze« im strengen Sinn als um »Weisungen«, »Gebote«. Viele biblische Verhaltensregeln stammen ja faktisch aus der nichtjahwistischen nomadischen Umwelt und wurden nun dem Willen Jahwes unterstellt, viele sind erst nach dem Heimischwerden in Palästina kodifiziert worden.

Sinai-Bund setzt Menschheitsbund voraus

Der **Sinai-Bund** wird zu Recht als exklusive, unauflösliche, beidseitig verpflichtende Abmachung zwischen Gott und diesem einen Volk verstanden, durch die sich Israel klar von den Naturmythen polytheistischer Religionen seiner Umwelt unterscheidet. Doch darf über dem Sinai-Bund nicht der vorausgehende **allgemeinere Abrahamsbund** auch mit den Kindern Ismaels und erst recht nicht der noch frühere, ganz und gar **universale Noach-Bund** vergessen werden.

Denn der mit Noach als dem Überlebenden der großen Flut geschlossene Bund war ein **Bund mit der ganzen Schöpfung**. Er gilt Menschen und Tieren, gilt Beschnittenen und Unbeschnittenen, kennt keinen Unterschied der Rassen, Klassen und Kasten, ja, auch nicht der Religionen! Sein Zeichen ist nicht wie beim Abrahamsbund die Beschneidung, sondern der Regenbogen, der die ganze Erde, alle Menschen und alle Völker überwölbt.

Schon dieser universale Bund brachte der Bibel zufolge klare Verpflichtungen für die Menschheit als ganze mit sich, damit sie erhalten und nicht zerstört werde. Dem **Menschheitsbund entspricht ein Menschheitsethos**! Man könnte bei dieser Erhaltensordnung von einem minimalen **Grundethos der Ehrfurcht vor dem Leben** sprechen: nicht morden und nicht das Fleisch lebender Tiere essen! Begründung für das Nicht-Morden: »denn Gott hat den Menschen – eben jeden Menschen! – nach seinem Bild erschaffen« (Gen 9,6). Ja, jeder Mensch ist nach den ersten Seiten der Bibel »Gottes Ebenbild und Gleichnis« (Gen 1,26). Und so ist denn »Adam« nicht etwa der erste Jude, wie er auch nicht der erste Christ und nicht der erste Muslim ist. »Adam« ist einfach »der Mensch«: »Adam« – das Urbild aller Menschen!

Der Dekalog – Basis für ein gemeinsames Grundethos

Aufgrund der Bibel nennt man die Juden »**Gottes auserwähltes Volk**«. Das ist aber für gläubige Juden nicht Ausdruck der Überheblichkeit und Arroganz, sondern Ausdruck der besonderen Verpflichtung: eine Verpflichtung auf Gottes Bund, Gottes Gesetz, Gottes Weisung, hebräisch die **Tora.**

Das meint sicher nicht, daß all die ungezählten Gebote des jüdischen Sakralgesetzes von allem Anfang an gegeben waren. Und elementare Gebote der Menschlichkeit gab es natürlich auch bei den Völkern außerhalb Israels. Aber das Neue war: Die Gebote der Menschlichkeit wurden nun unter die **Autorität des einen und selben Gottes** gestellt. Es hieß jetzt nicht mehr so allgemein: »Du sollst nicht töten, lügen, stehlen, Unzucht treiben.« Nein, jetzt heißt es: »Ich bin der Herr, dein Gott, du sollst nicht töten, nicht lügen, nicht stehlen, nicht Unzucht treiben.«

Schon früh wurden diese Gebote zusammengefaßt, die wichtigsten von ihnen in den »Zehn Worten«, dem »**Dekalog**«. Diese wurden übernommen auch von den Christen. Parallelen finden sich im Koran. Sie bilden die **Basis für ein gemeinsames Grundethos der drei prophetischen Religionen**. Gegründet im Glauben an den einen Gott, bilden diese Zehn Worte Israels der Juden großes Vermächtnis an die Menschheit.

Israel – zuerst eine Stammesgemeinschaft

Wie das Land nach und nach besetzt wurde, wissen wir nicht genau. Jedenfalls entwickelt sich allmählich eine **Schicksalsgemeinschaft der Stämme Israels**. Die Großfamilien, Sippen, Dörfer, Stämme der Israeliten leben im 12. Jahrhundert noch in einer vormonarchischen, vorstaatlichen Gesamtkonstellation. Ein **Stämme-Paradigma** (Paradigma I): eine lose

Föderation von Stämmen mit einer patriarchalischen Ordnung, mit Ältesten, mehreren Jahwe-Heiligtümern und einer Jahwe-Priesterschaft.

In der Stunde der gemeinsamen Bedrohung treten charismatische Rettergestalten (*sofetim* – »Richter«) auf. Aber es gibt weder einen Verwaltungsapparat noch ein Berufsmilitär. Nicht ein Staat, sondern eine **Stammesgesellschaft** ist in den frühen Jahrhunderten Israels **Urkonstellation**.

Doch angesichts äußerer Bedrohung (Philister) und innenpolitischer Probleme übernehmen die Stämme Israels schließlich eine Institution, die in den Kleinstaaten ringsum schon längst etabliert ist: das **Königtum**. Der erste König, **Saul** (1012–1004), initiiert diesen Paradigmenwechsel von einer vorstaatlichen zu einer staatlichen Konstellation. In seinem Heimatort Gibea wurde in unserer Zeit seine kleine primitive Festung ausgegraben – das erste uns bekannte bedeutende israelitische Bauwerk. Doch Saul scheitert, persönlich und militärisch.

Israel wird eine Staatsgemeinschaft

Der »Davidstern«, Symbol davidischer Herrschaft: seit alten Zeiten in der Stadtmauer Jerusalems.

Erst der Judäer **David** aus Bethlehem (1004–965), zuerst Sauls Mitkämpfer, dann Verfolgter, ist es, der aus der Stammesgesellschaft ein Staatsvolk formt. Er setzt das **Reichs-Paradigma der monarchischen Zeit** (Paradigma II) definitiv durch. Mit ihm beginnt in Israel auch die eigentliche Geschichtsschreibung.

David, ein Mann von Charisma, Vision und Bravour, war ein großer Politiker, Oberkommandierender und Organisator. Er vereint mit außerordentlicher politischer Intelligenz und Tatkraft auf Dauer die Reiche von Nord und Süd, von Israel und Juda. Er macht die eroberte

Jebusiterstadt **Jerusalem zur Hauptstadt** und den Hügel Zion zu seiner Residenz: die »Davidstadt«. Das heute gezeigte Zionstor stammt freilich ebensowenig aus seiner Zeit wie der Davidsturm.

Die neue Hauptstadt hätte indes kaum den bis heute wirksamen **sakralen Charakter** erhalten, wenn nicht David zur klugen Absicherung seiner Herrschaft die tragbare heilige »Lade Gottes«, Symbol des Stämmebündnisses und der Präsenz Jahwes, in feierlicher Prozession mit Musik und Kulttanz in seine Stadt gebracht hätte. Dort wird jetzt das Zeltheiligtum aufgebaut. Und neben der militärischen und zivilen wird auch die kanaanäische kultisch-priesterliche Verwaltung organisiert und »jahweisiert«. Ja, erst durch König David wird Jahwe in Jerusalem zu einer Art Staatsgottheit. Erst durch David wird Jerusalem für ganz Israel und Juda zum kultischen Mittelpunkt, zu einer einzigartigen »heiligen Stadt«!

David – eine dritte Leitfigur der prophetischen Religionen

Wie schon Abraham und Mose wurde auch David später **in den drei prophetischen Religionen selektiv wahrgenommen** und vereinnahmt: David wurde
– »judaisiert«: Stilisiert wird er als der Gesetzestreue und Gesetzeslehrer und avanciert so zum Typos für den kommenden Messias.
– »christianisiert«: Er erscheint nur noch als Vorfahre Jesu, als Typos für den gekommenen Messias.
– »islamisiert«: Er gilt als beispielhafter Prophet für den Propheten Muhammad.

Trotzdem ist und bleibt David die **dritte prophetische Leitfigur der drei abrahamischen Religionen**: Als bedeutendster König der israelitischen Geschichte gilt er als die ideale Mischung aus gutem Herrscher, genialem Dichter (die Psalmen werden ihm zugeschrieben), exemplarischem Beter und großem Büßer. Und mögen die Psalmen im einzelnen von David oder von anderen stammen: sie sind jedenfalls der reichste und tiefste Ausdruck prophetischer Frömmigkeit »vor Gott«. Nur mit seinen Nachfolgern sollte der große König Judas und Israels wenig Glück haben.

David: guter Herrscher, genialer Dichter, exemplarischer Beter, großer Büßer.

Durch all die Jahrhunderte bis in die Zeit nach dem Zweiten Weltkrieg, die Zeit David Ben-Gurions, des neuen Staates Israel ersten Ministerpräsidenten, blieb das **Reich Davids**, vor 3000 Jahren in Besitz genommen, für die Juden das **paradigmatische Ideal**:

– Ein straff staatlich organisiertes Israel, geeint unter »davidischer« Führung.
– Jerusalem als religiöses und politisches Zentrum des Reiches (Berg »Zion« später Bezeichnung für die ganze Stadt).
– Ein starkes Heer, eine gut funktionierende Verwaltung, ein staatlich integrierter Klerus.
– Nationale Identität in den gesicherten Grenzen eines Großreiches.

Bis heute wird an Davids legendärem Grab in Jerusalem gebetet, oft mit dem traditionellen Bewegen des ganzen Körpers. Bis heute bleibt Davids Reich mit Jerusalem als Hauptstadt für viele Juden das politische Ideal. Für manche sind sogar die Grenzen seines Großreiches das anzustrebende Ziel, wiewohl diese Grenzen seit Davids Zeit umstritten waren und das Reich schon nach dem Tod seines Sohnes Salomon wieder auseinanderfiel.

David wird in der Hebräischen Bibel nicht verklärt. Vielmehr wird sein Ehebruch mit der schönen Batseba vom Propheten Nathan schwer getadelt. Marc Chagall hat auch diese Szene genial ins Bild gefaßt. In Opposition zu den Königen und den Priestern standen ja zu allermeist die großen Propheten Israels, bezeugt in den wiederentdeckten uralten Handschriften, wie dieser aus Qumran, ausgestellt im Hebräischen Museum von Jerusalem.

Die Propheten in Opposition zu Priestern und König

Nur rund 70 Jahre nach Davids Amtsantritt, um das Jahr 927, kommt es zu einer fatalen **Reichstrennung**. Allzu zwiespältig war das Bild, welches die Herrschaft seines prachtliebenden Sohnes **Salomon**, des Erbauers des ersten Tempels, geboten hatte. »Salomon in all seiner Herrlichkeit« lebte wie ein orientalischer Potentat mit großer Hofhaltung (Harem), Bautätigkeit und Aufrüstung. Harte Zwangsarbeit und Verarmung der Massen waren die Folgen.

Nach Salomos Tod trennt sich das **Nordreich Israel** (mit der neuen Hauptstadt Samaria) vom **Südreich Juda** (mit der alten Hauptstadt Jerusalem). Und in der Folge leben beide Reiche nebeneinander her, manchmal verschwägert, manchmal im Bruderkrieg, bis das Nordreich zuerst, dann aber auch das Südreich untergeht.

Insgesamt dauert die Königszeit des zunächst geeinten und dann geteilten Reiches nur 400 Jahre. Es ist dies zugleich die Zeit des **klassischen Prophetentums**, das die israelitische Religion vor allen anderen Religionen in einzigartiger Weise auszeichnet. In welcher Religion wären **Propheten** so mutig gegen Könige und Priester aufgestanden!

Gemeint sind die großen Einzelpropheten wie Jesaja, Jeremia oder Ezechiel, die sich als die besonders berufenen Künder Gottes selbst verstehen. Sie empfangen die Weisung Gottes unmittelbar und geben sie an das Volk weiter: »So spricht der Herr«. Diese Künder sind nicht etwa

Jesaja-Schriftrolle aus Qumran am Toten Meer.

Vorhersager einer fernen Zukunft, sondern **Wächter, Warner, Prüfer und Mahner für die Gegenwart.**

Die stets kraftvoll formulierte **prophetische Kritik** trifft Unglauben und Selbstgerechtigkeit des Volkes, trifft den ritualistischen Gottesdienst der Priester, trifft die ungerechte Rechtspraxis der Herrschenden. Diese Propheten künden aber auch Heil für einzelne und für das Volk. Jedenfalls keine Aufforderung zu »heiligen Kriegen«, wohl aber viele Reden gegen den Krieg und für den Völkerfrieden. Bei alledem aber immer auch ein Kampf für den Glauben an den einen Gott, der keine anderen Mächte und Gestalten neben sich duldet.

Eindrucksvoll vor allem der Propheten Einsatz für ein **Grundethos**: Die humanen Forderungen nach Gerechtigkeit, Wahrhaftigkeit, Treue, Frieden und Liebe werden als Forderungen Gottes selber vorgetragen. Kein Gottesdienst ohne Menschendienst: Diese Grundeinsicht verdankt Israel vor allem seinen Propheten. Ja die gewaltigen Stimmen der Propheten hallen fort bis in die Gegenwart, auch wenn man in allen drei abrahamischen Religionen immer wieder versucht hat, sie interpretierend zu domestizieren und sie den Gesetzeslehrern und Hierarchen unterzuordnen, so daß das Prophetentum in diesen Religionen erloschen scheint.

Untergang beider Reiche: Ende des Königtums

Einige Propheten – deswegen »Unheilspropheten« geheißen – haben den Untergang beider Reiche drohend angekündigt. Und in der Tat: Schon 722 erobern die Assyrer das **Nordreich Israel**, deportieren die Bewohner nach Mesopotamien und siedeln eigene Leute in Samaria und Umgebung an, so daß dort seither nur noch eine von den Juden des Südreichs verachtete Mischbevölkerung – die »Samariter« – wohnen.

Jeremia: entschiedener Warner und Mahner, ein »Prophetenschicksal« sondergleichen.

Knapp eineinhalb Jahrhunderte später wird von den Neubabyloniern 587/86 auch das **Südreich Juda** erobert, Jerusalem gestürmt und geplündert. Der salomonische Tempel samt Bundeslade geht in Flammen auf.

Der **Prophet Jeremia** hatte vor einem nutzlosen Aufstand gegen die babylonische Weltmacht gewarnt, doch seine Mahnungen finden kein Gehör. Er wird verfolgt, ja, während der Belagerung Jerusalems sogar als Hochverräter gefangengesetzt. Die Babylonier befreien ihn, aber von Rebellen wird er zur Emigration nach Ägypten gezwungen, wo er stirbt. Ein »Prophetenschicksal« sondergleichen, dem Jeremia Chagalls aus dem Gesicht zu lesen.

Die ganze israelitische Oberschicht samt König jedoch wird nach Babylon deportiert, wo dieser den Tod findet. Das **Ende des davidischen Königtums** war gekommen, das Ende einer Epoche. Für rund zweieinhalb Jahrtausende (vom Intermezzo der Makkabäerzeit abgesehen) sollte das Judenvolk die politisch-staatliche Selbständigkeit verloren haben. Es folgten zunächst die fast 50 Jahre »Gola« (»Exulantenschaft«) in Babylon: das **Babylonische Exil** (586–538).

Israel wird eine Theokratie

Seit dem Babylonischen Exil lebt das Judentum in der **Spannung zwischen Heimat und Diaspora** (»Zerstreuung«). Von dieser gehen jetzt immer neu wesentliche Impulse aus. Denn die Mehrzahl der Juden lebt fortan zumeist außerhalb ihres Heimatlandes. Sie wollen auch nicht dorthin zurückkehren, da es ihnen in der Diaspora besser geht.

Schon in Babylon wurde indes das neue **nachexilische Paradigma** vorbereitet, welches das Reichsparadigma der monarchischen Zeit ablöst:
– Erst jetzt bilden sich Beschneidung, Sabbat und Reinheits- wie Speisevorschriften als **Unterscheidungsmerkmale der Juden** gegenüber anderen Völkern heraus; die **Beschneidung** etwa war in der alten Welt weit verbreitet, so in Ägypten, aber eben gerade nicht unter den Babyloniern; bis heute ist sie selbst in weltlichen jüdischen Kreisen verbreitet.
– Erst jetzt werden die verschiedenen **Traditionen systematisch gesammelt**: die »Erzählungen« (*haggada*) wie auch die »Gesetze« (*halacha* – »Lebensweise«).

Und die politische Macht? Die haben jetzt 200 Jahre lang die Perser, dann Alexander der Große und seine Nachfolger, schließlich die Römer. Israel besitzt kein Königtum mehr. Dafür aber erhält es nach dem Exil einen neuen, **Zweiten Tempel** und, damit verbunden, eine ganze **Tempelhierarchie** in diesem Jerusalem, das jetzt als alleiniges Zentrum des Kultes angesehen wird. Dieser Zweite Tempel enthält zwar nicht mehr die Bundeslade. Aber er besitzt neu einen großen siebenarmigen **Leuchter** (*menora*), der zu einem wichtigen Bildmotiv der jüdischen religiösen Kunst wird und 1948 zum Emblem des neu erstandenen Staates Israel.

Zugleich besitzt das Volk jetzt ein ganz bestimmtes Korpus **heiliger Schriften**, die zum verbindlichen Gesetz werden. Erst jetzt wird das Judentum zu einer **Buchreligion** mit einem genau umschriebenen Schriftenkanon. Dieser besteht aus Gesetz / Weisung (*tora*), Propheten (*newiim*) und Schriftstellern (*ketuwim*), welche zusammen die Hebräische Bibel (nach den Anfangsbuchstaben der drei Teile: *tenach*) bilden.

Die Herrschaftsform unter den Persern, Alexander dem Großen sowie den Römern war die **Theokratie**: eine »Gottesherrschaft«, bei der

Gott aber nicht mehr wie zur Zeit der Monarchie auch über den Staat herrscht, der ja jetzt heidnisch ist, sondern nur noch über die **Gemeinde der Jahwe-Gläubigen**. So ist das **Paradigma des nachexilischen Judentums** statt der Monarchie die **Theokratie** (Paradigma IV). Sie wird im Konkreten ausgeübt einerseits durch die **Priesterschaft** (Hierokratie eines Hohen Rats und Hohepriesters), andererseits durch das **Gottesgesetz** (Nomokratie). In dieser historischen Konstellation kommt es zum Konflikt zwischen **Jesus von Nazaret** und dem jüdischen Establishment. Die auch im heutigen Staat Israel gegebene eigenständige religiöse Gerichtsbarkeit geht auf dieses Paradigma zurück. Die Theokratie bleibt für viele Juden gerade in Jerusalem das Ideal.

Die Zerstörung Jerusalems und des Tempels

Die staatliche Unabhängigkeit Israels aber, die im zweiten vorchristlichen Jahrhundert unter den Makkabäern für wenige Jahrzehnte wieder erreicht worden war, wollten in der Folge zelotische Kreise gegen die römische Weltmacht erneut erringen: durch eine **Revolution** des ganzen Volkes. Beflügelt sind die zelotischen Revolutionäre von einer weit verbreiteten apokalyptischen Erwartung des messianischen Reiches. Aber die Apokalypse vollzieht sich anders, als sie erwarten. Nur kurz zu den schrecklichen Ereignissen:

– Die Juden **verlieren den ersten jüdisch-römischen Krieg** 66-70. Das Ergebnis: rund 600 000 jüdische Tote, Jerusalem verwüstet, der Tempel niedergebrannt, die Menora im Triumphzug des Titus durch Rom geführt, abgebildet dort auf dessen Triumphbogen bis auf den heutigen Tag, aber verschollen seit dem Vandalensturm.

– Die Juden **verlieren auch den zweiten jüdisch-römischen Krieg** 132-135. Verheerend auch hier das Ergebnis: rund 850 000 Juden getötet, Jerusalem dem Erdboden gleichgemacht, alle Juden bei Todesstrafe verbannt. Ja, eine neue hellenistische Stadt wird aufgebaut, dem römischen Jupiter Capitolinus geweiht: »Aelia Capitolina« anstelle von »Jerusalem«. Die Theokratie findet definitiv ihr Ende.

Warum das Judentum überlebte

Eine nationale Katastrophe, schlimmer als das Exil. Bis heute wird sie von den Juden an der sogenannten West- oder Klagemauer des zerstörten Tempels öffentlich betrauert.

Aber erstaunlich: Auch ohne Königtum, ohne Tempel, ohne Priesterschaft, ohne Hohen Rat und Hohepriester überlebt das jüdische Volk. Ja, es **überlebt ohne das ganze theokratische System**, das man seit dem Babylonischen Exil aufgebaut hat. Das jüdische Volk überlebt, wiewohl es jetzt über die ganze Welt zerstreut ist.

Dieses Überleben ist sicher nicht einfach ein biologisches Faktum. Auch nicht bloß ein psychologisch begründetes Kontinuum und erst recht nicht ein historisches Mirakulum. Nein, dieses Überleben des jüdisches Volkes hatte ohne allen Zweifel zu tun mit dem **Überleben der jüdischen Religion**. Denn die Religion war es, die dem heimatlosen Volk eine neue

Auch an der »Klagemauer« beten die Frauen abgesondert von den Männern.

geistige Heimat gab. Was für die orthodoxen Juden wichtig geblieben ist bis auf den heutigen Tag:
– An die Stelle des zerstörten Altars treten die **Tora-Rollen** und an die Stelle des Tempelkultes Gebet, gute Werke und Studium der Tora.
– An die Stelle der erblichen Priesterschaft treten die Schriftgelehrten, die **Rabbinen**, und an die Stelle der vererbten Priester- und Levitenwürde die durch gelehrte Ausbildung erworbene Rabbinenwürde.

Frauen haben als Stammütter und Prophetinnen eine große Rolle gespielt. Aber jetzt sind sie den Männern mannigfach untergeordnet und bei Gebet und Gottesdienst von ihnen getrennt, wie das dann auch bei Christen und Muslimen üblich wird. Doch vor Gott sind Männer und Frauen gleich. Beide dürfen auf Zettel geschriebene Bitten an ihn in die Ritzen der westlichen Tempelmauer stecken.

Doch an die Stelle des einen Tempels in Jerusalem treten jetzt überall **Synagogen**: ein neuartiger Typ von Versammlungs-, Gebets- und Gemeindehaus, wohl schon im Babylonischen Exil entstanden, wo man ohnehin keinen jüdischen Tempel hatte. Eine revolutionäre Entwicklung in der Geschichte der Weltreligionen, die zum Vorbild wird für christliche Kirchen wie islamische Moscheen. Synagogen – verbreitet in Palästina, Babylonien, Nordafrika und auch bei uns in Europa.

Das jüdische Mittelalter

Tora – Rabbinen – Synagogen: Das sind nun die **Grundsäulen des langen jüdischen Mittelalters**, das schon im 1./2. Jahrhundert beginnt und bis ins 18. Jahrhundert andauern wird. Das Judentum, wie es vor und nach der Zerstörung des Zweiten Tempels im Jahre 70 Gestalt annimmt, war um 600 voll ausgebildet. Die messianische Hoffnung ist jetzt an den strikten Gehorsam gegenüber dem Gesetz mit seinen 613 Geboten (*mizwot*) gebunden und damit auch entschärft. Aus einer messianisch orientierten Nationalreligion ist ganz und gar eine **Tora-Religion** geworden.

Die nationale Zugehörigkeit tritt zurück zugunsten der rituell-moralischen **Reinheit** gegenüber allen Nationen, von denen man sich mehr denn je abgrenzt. Dafür sorgt schon die Forderung des rituell reinen

Tora-Rolle, wie sie heute in der Synagoge verwendet wird.

(*kosher* – »brauchbar«) **Essens**. Dazu kommt das alte Verbot des Schweinefleisches und des gleichzeitigen Essens von Milch- und Fleischprodukten während ein und derselben Mahlzeit. Ein eigenes **Wohnquartier** (später »Getto«) war am Anfang den Juden selber durchaus erwünscht. Gemeinsam wird gelernt und diskutiert im Lehrhaus. Lernen wird Lebenszweck, Lesen der Schriften und Kommentare eine Lieblingsbeschäftigung.

Alles in allem also nach dem Untergang des Zweiten Tempels und des theokratischen Systems ein neues **rabbinisch-synagogales Paradigma** (Paradigma IV) für jenes jüdische **Mittelalter**, das von keiner Reformation unterbrochen wurde und erst mit der modernen Aufklärung enden sollte. Zentrum des Judentums ist in den ersten Jahrhunderten wieder Babylonien – bis zum Untergang des Kalifats von Bagdad im Mongolensturm 1258. Vom 8.-11. Jahrhundert gibt es eine Blütezeit des Judentums in Spanien unter dem Kalifat von Cordoba. Und schließlich eine weitere Blütezeit im 10./11. Jahrhundert in Mitteleuropa und besonders in Deutschland.

Herausbildung des orthodoxen Judentums

Die Juden leben jetzt im nun aufgezwungenen **Getto**. Und für dieses Leben ist zweierlei wichtig:
– Die **Rabbinen**, die Schriftgelehrten, sind jetzt die **beherrschende Macht** im Judentum. Und zwar sind es ausschließlich diejenigen der »frommen« = »pharisäischen« Richtung, die nämlich als einzige der innerjüdischen Parteiungen die Katastrophen von 70 und 135 überlebt haben. Die pharisäisch-abgesonderte Lebensform wird zur rabbinischen schlechthin. Und der **Rabbi** wird zu **Norm und Modell** seiner Gemeinde.
– Die Rabbinen sind es, die unaufhörlich die **Tora** (die Fünf Bücher Mose) kommentieren. Die Tora wird jetzt im Gottesdienst verehrt wie eine Königin, in Samt und Seide gekleidet, mit Silber geschmückt und gekrönt. Jeden Sabbat wird ein Vierundfünfzigstel gelesen, damit in einem Jahr die ganze Tora vernommen wird.

So tritt schon in den ersten nachchristlichen Jahrhunderten neben die ursprüngliche, schriftliche, biblische Tora eine mündliche: zuerst die **Mischna**, die das gesamte Religionsgesetz der mündlichen Tradition, die **Halacha**, umfaßt, und später die **Gemara**, welche ihrerseits die Mischna kommentiert. Beide zusammen bilden den **Talmud**. Dieser bildet mit seiner verwirrenden Fülle von Auslegungen, Erzählungen und Diskussionen bis heute für das orthodoxe Judentum die **normative Grundlage von Religionslehre und Religionsgesetz**. Die (jetzt in ihrem

Umfang kanonisch festgelegte) Bibel tritt zurück zugunsten der gleichberechtigten mündlichen Tradition. Angeblich ist sie ebenfalls schon auf dem Sinai geoffenbart worden.

Auch dieses mittelalterlich-rabbinische Paradigma lebt bis heute fort im Staat Israel, insofern dort das Oberrabbinat einen dominierenden Einfluß auf das Religions-, Privat- und Familienrecht hat, was einen grundlegenden Konflikt zwischen Orthodoxen und Säkularen zur Folge hat. Doch verglichen mit der Bedeutung der mündlichen Tradition auch im Katholizismus

Von frommen Juden als Gottes Offenbarung unbedingt einzuhalten: all die zahlreichen Gebote und Verbote der schriftlichen wie der mündlichen Tora.

ist das rabbinische Judentum weniger am rechten Glauben (»Orthodoxie«) als **am rechten, gesetzeskonformen Handeln (»Orthopraxie«) interessiert**. All die zahlreichen Gebote und Verbote sowohl der schriftlichen wie der mündlichen Tora sind als Gottes Offenbarung unbedingt einzuhalten: die Sabbat-, Reinheits- oder Speisevorschriften ebenso wie die Gebets- und Gottesdienstvorschriften.

Die zahllosen Gebote umfassen den ganzen Tag (von früh bis spät), den ganzen Jahresablauf (Werk-, Sabbat- und Festtage), den ganzen Lebensablauf: von Geburt und Beschneidung über Geschlechtsreife, Eheschließung und Familie bis zu Tod und Beerdigung. Doch nicht etwa Klage über die Last des Gesetzes, vielmehr **Dankbarkeit für das Gesetz**, Gottes große Gabe an den Menschen, sowie Freude an der Erfüllung des Gesetzes prägen rabbinische Frömmigkeit und Lebensstil in diesem mittelalterlichen Paradigma. Die **Schattenseite** freilich war eine bereits im Babylonischen Exil grundgelegte jetzt beinahe totale religiös-soziale **Selbstabsonderung** gegenüber allem Nicht-Jüdischen.

Christlich-kirchlicher Antijudaismus

Die nicht-jüdische Welt reagierte auf das Überleben von Juden vielfach nicht mit Achtung und Respekt, sondern mit Aggression und Repression. Schon in vorchristlicher Zeit gab es einen »heidnischen« Antijudaismus: erstes Judenpogrom der Weltgeschichte in Alexandrien 38 nach Christus! Und aus dem heidnischen entwickelt sich schließlich ein **christlich-kirchlicher Antijudaismus**. Ungefähr seit der Zeit Kaiser Konstantins äußert sich dieser nicht mehr nur wie der heidnische sporadisch, örtlich begrenzt und inoffiziell, sondern dauerhaft und universal. Offiziell geschürt und theologisch untermauert wird er von der christlichen Kirche: wegen der jüdischen Ablehnung des Messias Jesus und der Schuld an seinem Kreuzestod. Staatskirchliche Ausnahmegesetze, begleitet von repressiven Maßnahmen, erläßt freilich noch nicht Konstantin, sondern dekretieren die christlichen Kaiser Theodosius II. im 5. Jahrhundert und Justinian im 6. Jahrhundert. Beides wird maßgebend für die mittelalterliche Judengesetzgebung von Staat und Kirche.

Doch darf die jüdische Geschichte in christlicher Zeit nicht nur als reine **Leidensgeschichte** dargestellt werden. Sie war, wie gerade neuere jüdische Historiker herausgearbeitet haben, auf weite Strecken eine bewundernswerte **Erfolgsgeschichte**: Bis zum Beginn der Kreuzzüge herrschen nämlich weithin gute nachbarschaftliche Beziehungen zwischen den Christen und der jüdischen Minorität, die sich im christlichen Imperium um vieles besser zu behaupten wußte als jede andere Minorität oder kleines Volk.

Die Juden im mittelalterlichen Deutschland: Worms

Die Stadt **Worms** war Sitz einer der ältesten jüdischen Gemeinden Deutschlands, historisch belegt schon für das 10. Jahrhundert. Aber Juden waren bereits mit den römischen Legionen an den Rhein gekommen. Die Judenschaft in Worms besaß seit dem 11. Jahrhundert eine **Synagoge** und noch früher einen eigenen **Friedhof**, den ältesten Europas, der bis heute erhalten ist. Geradezu sprichwörtlich für ein blühendes Judentum in Deutschland die »Shum« (davon das deutsche Wort »beschummeln«): eine Abkürzung mit Hilfe der drei hebräischen Anfangsbuchstaben für die Städte Speyer (S), Worms (W = U) und Mainz (M).

Seit Mitte des 11. Jahrhunderts bis zum Ausgang des Mittelalters ist Worms ein **geistiges Zentrum des europäischen Judentums**. Von Heinrich IV. wird die Wormser Judenschaft 1084 mit manchen Privilegien ausgezeichnet; sie untersteht direkt der Jurisdiktion

Im »Schatten« des Wormser Doms: der alte jüdische Friedhof

des Königs. In der Wormser Talmud-Hochschule wirken große jüdische Gelehrte, »die Weisen von Worms«. Hier studiert der Rabbi Salomon ben Isaak, genannt **Raschi** (1040-1105). Er gilt lange Zeit als der maßgebende Kommentator von Bibel und Talmud, in seiner Autorität durchaus zu vergleichen mit der des letzten Schulhauptes (*gaon*) von Babylonien.

Aber welcher Kontrast zwischen der bescheidenen **Synagoge** und der übermächtigen christlichen **Kirche**! Zunächst lebt man auch hier lange recht friedlich zusammen. Doch am Ende des 11. Jahrhunderts kommt es zu ersten Greueltaten. Aufgrund ihres welthistorischen Kampfes gegen den Islam meint die Kirche, die Juden auf der Seite der Muslime sehen zu müssen. Mit dem ersten **Kreuzzug** von 1096 greifen »Kreuzfahrer«, Bauern und andere Leute aus den umliegenden Orten, die Juden von

Der jüdische Friedhof – bis heute ein Ort des Gedenkens und der Trauer.

Worms an und entledigen sich so ihrer Schulden. Achthundert Märtyrer zählt man, von denen manche in ihrer Verzweiflung zuerst ihre Kinder und dann sich selber töten oder verbrennen.

Die Gemeinde konstituiert sich später wieder neu, doch auch im 13. und 14. Jahrhundert kommt es zu Verfolgungen und Vernichtungen einer Vielzahl von jüdischen Gemeinden an Rhein und Mosel. Ein neuer Tiefpunkt ist das Jahr 1349, als den Juden allüberall die Schuld an der **Pest** zugeschoben wird und nur verhältnismäßig wenige auch in Worms dem Massaker entfliehen können. Auch die Reformation – auf dem Wormser Reichstag Luthers entscheidender Auftritt – bringt, wie man weiß, für die Juden keine Erleichterung.

Aber der Wormser Rabbinatssitz mit dem obersten Rabbiner wird auch später wieder maßgebend für die deutschen Juden. Und die **Mikwe**, das Reinigungsbad an der Synagoge, bleibt in Gebrauch. Wer sich rituell verunreinigt hat, durch Totenberührung oder Menstruation, kann sich reinigen durch Eintauchen in »lebendiges«, fließendes Wasser, hier gesammeltes Regenwasser.

Aus Frankreich und England und später auch aus Spanien und Portugal werden die heimatlosen Juden zu Hunderttausenden ausgewiesen. Große **Wanderungen** auch der in Deutschland (»Aschkenasien«) ansässigen Juden (»Aschkenasim«) sind die Folge. Das ökonomisch-geistige Schwergewicht des Judentums geht im 16./17. Jahrhundert über auf das Entwicklungs- und Zufluchtsland Polen.

Jüdische Geheimlehre: Kabbala

Der ungeheure Leidensdruck ist wesentlich dafür mitverantwortlich: Die Massen der Juden lassen sich vor allem nach der Vertreibung aus Spanien 1492 zur Zeit der Reformation auf die **Geheimlehre oder Kabbala** (= mystische »Überlieferung«) ein. Es ist dies eine schon seit früher Zeit entwickelte jüdische Form der »Gnosis«, die auf die »Erkenntnis« der Geheimnisse der Gottheit zielt. Diese nämlich seien der eigentliche Inhalt der Tora. Ja, manche Kabbalisten versuchen, sogar zum Zustand eines ekstatisch-freudigen Erfülltseins durch Gott zu führen.

Die kabbalistische Bewegung erreicht vom 14. bis 17. Jahrhundert ihren Höhepunkt und nimmt immer mehr messianische Züge an. Aber gerade die Verbindung mit dem **jüdischen Messianismus** trug im 17./18. Jahrhundert wesentlich zu ihrem Untergang bei. Denn zwei aufeinanderfolgende Pseudo-Messiasse, die einen ungeheuren Anhang finden, bekehren sich beide am Ende zum Islam. So vermag denn die Kabbala nicht, für das Judentum ein neues eigenes Paradigma zu entwickeln; es bleibt beim rabbinischen.

Was an kabbalistischer Frömmigkeit noch vorhanden ist, konzentriert sich schließlich bei den osteuropäischen **Chassidim**, den »Frommen«. Diese sind vom trockenen Rabbinismus frustriert. Das Gebet und die Verbindung mit Gott im Alltag finden sie wichtiger als alles langweilige Tora-Studium. Deshalb pflegen sie eine gefühlsbetonte Frömmigkeit der Inbrunst und Freude. Oft ist diese von Ekstasen, Wundern und Visionen begleitet. Fröhlich laute Zeremonien in eigenen Gebetshäusern und ein enthusiastisches oder meditatives Gebet, das sich oft auf die Buchstaben der Bibel richtet, sind bei den Chassidim bis heute beliebt. Dabei spielen Leidens- und Heilsfiguren, Gerechte oder Heilige, eine große Rolle. Alles in allem eine eigene religiöse Sonderwelt, die das jüdische Mittelalter in die Neuzeit hinein verlängerte.

Jüdische Aufklärung: Moses Mendelssohn

Gerade dieses mittelalterlich-»fromme« Judentum wird nun aber herausgefordert durch die im 17. Jahrhundert mit neuer Philosophie, Naturwissenschaft und Staatsauffassung mächtig einsetzende **europäische Moderne**. In West- und Zentraleuropa kommt sie freilich stärker zum Zuge als im politisch und sozial zurückbleibenden Osteuropa. Juden sind von Anfang an überall dabei: bei der Begründung der modernen Kolonialwirtschaft, bei der Entwicklung eines modernen europäischen Wirtschafts- und Finanzsystems, bei der Verwirklichung des modernen Staates, auch bei der Grundlegung einer modernen rationalen Philosophie. Doch der Ausschluß des jungen Philosophen Baruch de **Spinoza**, Ahnherr der modernen Bibelkritik und Vertreter eines neuen allumfassenden Gottesverständnisses, aus der Amsterdamer Synagoge (1656), ist symptomatisch für die Krise der jüdischen Orthodoxie.

Erst im 18. Jahrhundert tritt nun in Berlin ein Mann auf, der beanspruchen kann, jüdisch und modern in einem zu sein: Es ist der Philosoph, Schriftsteller und Kritiker **Moses Mendelssohn.** Er wird zum Initiator, Symbol und Idol der spezifisch jüdischen Form der Aufklärung (*haskala*). Von Berlin aus strahlt sie nach ganz Mittel- und Nordosteuropa aus. Er ist der **erste wirklich moderne Jude.** Er verteidigt ebenso klug wie leidenschaftlich das Judentum als die Vernunft-Religion, die er mit einer treuen Beobachtung der traditionell-jüdischen Pflichten und Riten zu verbinden trachtet.

Moses Mendelssohn (1729-1786).

So bereitet Moses Mendelssohn durch seine aufgeklärte jüdische Religionsphilosophie und den Gebrauch der deutschen Sprache die Integration der Juden in die deutsche Gesellschaft vor, ja, verkörpert sie in seiner Person. Er fördert die Aufnahme der westlichen Kultur ins Judentum und zugleich eine allgemeine Bildung für jüdische Jugendliche in den Schulen. Mendelssohn ist ein Freund **Gotthold Ephraim Lessings** (1729-1781). Diesem bedeutendsten deutschen Aufklärer, der entschieden für Toleranz, Freiheit und Menschlichkeit eintritt, dient er als Modell für seinen Nathan der Weise. Für Lessing verfaßt Mendelssohn eine postume Verteidigungsschrift, die er wenige Tage vor seinem Tod (1786) vollendet. Drei Jahre danach kommt es endlich auch zur politischen Wende – aber nicht in Berlin, sondern in Paris.

Auszug aus dem Getto

Die **Französische Revolution** bringt den Juden das **uneingeschränkte Bürgerrecht** – als Vorbild für ganz Europa. Wie schon die **amerikanische Menschenrechtserklärung** von 1776, so hat auch die **französische** von 1789 die Juden eingeschlossen. Das durch Parlamentsbeschluß gewährte uneingeschränkte Bürgerrecht gilt allerdings nicht den Juden als Religionsgemeinschaft, wohl aber als individuellen Bürgern.

Dies bekräftigt dann auch **Napoleon**, der einen »Grand Sanhédrin« einberuft und mit seinen Heeren den Code Napoléon zunächst auch in Deutschland durchsetzt. Dort sollte es – nach der jüdisch-hellenistischen in Alexandrien und der jüdisch-maurischen in Spanien – zur dritten fruchtbaren weltgeschichtlichen Interaktion zwischen der jüdischen und einer fremden Kultur kommen. Schließlich und endlich fallen auch im Kirchenstaat – 1870 unmittelbar nach der Definition der päpstlichen Unfehlbarkeit! – durch den Einmarsch der italienischen Befreiungsarmee in Rom die Mauern des Gettos.

Nur in **Osteuropa** bleiben die jüdischen Massen, von der Aufklärung fast unberührt, unter dem Einfluß des Chassidismus. Dies sollte, von Pogromen (russisch: Massaker) und Zwangsmaßnahmen in Rußland, Rumänien und Polen ausgelöst, zu erneuten Wanderungen der Juden führen: dieses Mal wieder nach Westen, nach Westeuropa und schließlich in die Vereinigten Staaten.

Seit dem 19. Jahrhundert sind die Juden also – früher und radikaler als die Muslime – dem Geist der Moderne voll ausgesetzt: Es kommt jetzt zum **Auszug aus dem Getto auch geistig!** Gerade in Deutschland erfolgt die große Auseinandersetzung um die Reform des Judentums. Die frühe jüdische Zurück-zur-Bibel-Bewegung der »Karäer« (von kara'im – »lesen«), vom 9. bis 12. Jahrhundert sehr stark verbreitet, hatte sich mit ihrem rigorosen Asketismus noch nicht gegen das rabbinische Establishment durchsetzen können; es war zu keiner jüdischen Reformation gekommen, die Voraussetzung für eine jüdische Aufklärung hätte sein können. Jetzt aber bildet gerade umgekehrt die rationale Aufklärung die Voraussetzung für eine religiöse Reformation des Judentums. Es formt sich eine historisch-kritische Wissenschaft des Judentums, und jüdische Studenten drängen in die ihnen jetzt gestatteten freien Berufe wie die des Rechtsanwalts oder Arztes; Beamtenstellen bleiben ihnen nach wie vor verwehrt.

Modernes Reformjudentum

In ganz Westeuropa (nicht in Osteuropa!) vollzieht sich jetzt ein Wechsel vom mittelalterlich-rabbinischen Paradigma des zerstreuten Gottesvolkes zum **modernen Assimilations-Paradigma** des aufgeklärten Reformjudentums (Paradigma V). Diese neue Gesamtkonstellation einer nationalen und kulturellen Anpassung der Juden setzt sich dann unter deutschjüdischem Einfluß noch mehr in den USA durch. Dort erfolgt nach der frühen Einwanderung von sephardischen Juden im 17./18. Jahrhundert (sichtbares Zeugnis die Touro-Synagoge in Newport / Rhode Island) im 19. Jahrhundert eine massenhafte Einwanderung zum Teil hochgebildeter deutschsprachiger Juden und Rabbiner.

Und was waren die Ziele der jüdischen Reform? Knapp gesagt:
– Statt mittelalterlicher Absonderung strebt man die rechtlich-politischsoziale **Integration** der einzelnen wie der »Kultgemeinde« **in den modernen Nationalstaat** an.
– Statt nur um die herkömmliche rabbinisch-talmudische Bildung bemüht man sich um eine **moderne Allgemeinbildung**.
– Statt der Rabbinen, die Rechtsexperten und Richter waren, amtieren jetzt **Rabbiner**, welche, akademisch ausgebildet, als Prediger, Seelsorger, Liturgen und Pädagogen tätig werden.
– Statt eines Getto-Lebens vollzieht man eine **Modernisierung der ganzen jüdischen Lebensgestaltung**, von der Kleidung bis zu den Eßgewohnheiten.
– Statt eines weithin unverständlichen hebräischen Gottesdienstes feiert man jetzt eine **reformierte jüdische Liturgie in der Volkssprache**, mit Predigt und Musik, ohne Geschlechtertrennung.

Alles in allem eine erstaunliche religiös-kulturelle Reformation: Schon in Synagogen-Architektur und Kunst – wie etwa in der Reformsynagoge in Berlin – strebt man eine lebendige Synthese an zwischen Moderne und Tradition. Selbst in der **Musik** geht man neue Wege. Am einflußreichsten in der jüdischen Welt des Westens wird der Berliner Komponist Louis Lewandowski. Seine Rezitative, vom Kantor vorgetragen, sind jüdisch-traditionell. Lewandowskis Chorsätze aber sind gehalten im Stil von Felix Mendelssohn-Bartholdy, Enkel des großen Moses Mendelssohn.

Der Streit der Richtungen

Gerade in den **Vereinigten Staaten** zeigen sich nun aber wie schon vorher in Deutschland mächtige Gegenkräfte: ein orthodoxes, ein säkularisiertes und, vermittelnd, ein konservatives Judentum. Die Folge: Heute noch leben die verschiedenen jüdischen Gruppierungen in USA, Europa und Israel in **verschiedenen Strömungen** (Denominationen), in zeitungleich entstandenen und divergierenden Paradigmen. Nicht an einem Glaubensdogma, wie bei den Christen, scheiden sich im Judentum die Geister, sondern an der Frage der praktischen Umsetzung des Gesetzes, besonders der Sabbat-, der Reinigungs- und der Speisevorschriften.

So wird denn gegenwärtig zwischen **vier Hauptströmungen** unterschieden:

Reformsynagoge in Berlin: lebendige Synthese von Tradition und Moderne.

– Die **Orthodoxen**, die Bewahrer der Tradition, die alle religiösen Gebote als von Gott offenbart ansehen und deshalb die Unveränderlichkeit der religiösen Praxis vertreten: Viele dieser Orthodoxen (vor allem aus Osteuropa) leben geistig noch im Mittelalter und gehen in der Kleidung der polnischen Landbevölkerung des 17. Jahrhunderts bis heute durch die Straßen von New York, London und Berlin.

– Die **Reformer** oder **Liberalen**, die sich in der Moderne ganz zu Hause fühlen: Das Reformjudentum will die Versöhnung mit der Moderne. Es sieht die Botschaft der Propheten als zentral an. Deshalb lehnt es manche archaische Traditionen ab und nimmt tiefgreifende Änderungen des Gottesdienstes und der Lebenspraxis vor. Von den Christen übernimmt man nicht nur Predigt, Kanzel, Talar, Orgel, Chor. Man verlangt auch nicht mehr die Kopfbedeckung der Männer. Frauen können zu Rabbinerinnen ordiniert werden.

– Die **Konservativen**, die Orthodoxie und Aufklärung zu verbinden suchen. Dieses konservative Judentum ist für die Moderne offen, will aber gleichzeitig die traditionelle religiöse Praxis und insbesondere die hebräische Sprache im Gottesdienst bewahren. Die geistigen und materiellen Herausforderungen der Moderne sollen als etwas Positives aufgenommen, die Tradition jedoch nicht aufgegeben, sondern weiterentwickelt werden.

– Und als vielleicht größte Gruppe die **Nicht-Religiösen:** in Deutschland und Osteuropa, in Amerika anfangs sogar die Mehrheit. Sie wollen überhaupt keiner Synagoge angehören, wollen mit religiöser Praxis nichts zu tun haben und feiern die Feste bestenfalls aus Tradition: jüdische Sozialisten, Agnostiker, Atheisten, später Zionisten. Sie fühlen sich von der starr legalistischen Orthodoxie abgestoßen, haben die europäische Religionskritik internalisiert (Marx und Freud sind jüdischer Herkunft!) und lehnen von daher jede Religion ab. Ihr Judentum ist nicht mehr bestimmt vom Glauben an Gott, sondern immer mehr vom »zionistischen« Glauben an einen Staat Israel.

Das Experiment der modernen Assimilation des Judentums ist nun einmal gerade in Deutschland, wo es begonnen hat und am meisten fortgeschritten war, jäh abgebrochen worden. Kaum gibt es noch jüdische

Familien, deren Wurzeln zurückreichen bis in die Zeit des Baus der schönen Berliner Synagoge in der Pestalozzistraße.

Jeder Mensch hat einen Namen

Noch heute ruft es Entsetzen hervor: Gerade im Lande von Mendelssohn und Lessing wird nach anfänglicher Diskriminierung und Verfolgung schließlich ein monströser **Massenmord an rund sechs Millionen Juden** in Gang gesetzt. Ein zeitgeschichtlich einzigartiges Geschehen nicht nur wegen der ungeheuren Zahl der Opfer, sondern weil ein Staat selber dies alles ideologisch vorbereitet, systematisch geplant und organisatorisch durchgeführt hat.

Wannsee-Villa in Berlin.

»Das Aufgabenziel: für eine sogenannte Endlösung der europäischen Judenfrage kommen rund 11 Millionen Juden in Betracht.« Mit dieser Zielsetzung wird in der Wannsee-Villa am 20. Januar 1942 unter strikter Geheimhaltung vor der Bevölkerung die **Wannsee-Konferenz** abgehalten. Die von Hitler schon in seiner Reichstagsrede vom 30. Januar 1939 angedrohte und am 12./18. Dezember 1941 mündlich angeordnete »Vernichtung der jüdischen Rasse in Europa« soll in die Tat umgesetzt werden. Der Chef der Sicherheitspolizei Reinhard Heydrich legt hier den Gesamtplan zur »praktischen Durchführung der Endlösung der Judenfrage« vor, und der Protokollführer Adolf Eichmann wird zusammen mit dem Gestapo-Chef Heinrich Müller zuständig für die »organisatorische Abwicklung«, die vom gesamten Staatsapparat und einer unübersehbaren Helferschar mit technisch-bürokratischer Perfektion unerbittlich vollzogen wird. Fast jede Berufsgruppe und Institution auch auf kommunaler Ebene wird in Diskriminierung und Ausgrenzung der Juden miteinbezogen.

Rund 6 Millionen Juden – erst gekennzeichnet, dann deportiert – fielen dem Massenmord der Nationalsozialisten zum Opfer.

Es geht also um nicht mehr und nicht weniger als den wahnwitzigen Versuch der Ausrottung eines ganzen Volkes. Juden nennen es heute die »Shoah«, die »Katastrophe«. Andere sprechen vom »**Holocaust**«, vom »Ganz-Opfer«, des jüdischen Volkes. Ja, nicht etwa nur die nicht angepaßten orthodoxen, sondern auch die völlig assimilierten reformerischen Juden, ja, **alle** Juden, samt Alten, Kindern und Säuglingen, sollen nach dem Willen Hitlers und seiner Helfershelfer ausgerottet werden.

»Jeder Mensch hat einen Namen«: Rund 28 Stunden bedurfte es, um im Jahre 1999 am Mahnmal bei der wiederaufgebauten Neuen Synagoge in Berlin die 55 696 Familien- und Vornamen der deportierten und ermordeten Berliner Juden am Holocaust-Gedenktag (Jom ha-Shoah) zu verlesen: von »Aal Jutta« bis »Zyzman Leo«.

Der Holocaust war das Ergebnis eines in Europa damals weitverbreiteten **biologisch-rassisch begründeten Antisemitismus**. Dieser aber wäre unmöglich gewesen ohne den fast 2000jährigen theologischen Antijudaismus (fast aller) christlicher Kirchen. Insofern fällt das verhängnisvolle Schweigen Pius XII. und der deutschen, österreichischen wie polnischen Bischöfe (von den deutschen Protestanten nicht zu reden) besonders ins Gewicht.

Zukunft für Juden in Deutschland

Allerdings hätte am Ende des Krieges niemand gedacht, daß gerade in Deutschland und erst recht hier in der alten Reichshauptstadt Berlin jüdische Kinder wieder eine Zukunft haben könnten. Eine Großzahl der Juden

Lesung der Namen der 55 696 Familien- und Vornamen der deportierten und ermordeten Berliner Juden am Holocaust-Gedenktag.

In der neu erbauten Heinz-Galinski-Schule in Berlin lernen die Kinder wieder ganz selbstverständlich Hebräisch.

in Israel, Europa und Amerika lehnte lange Zeit ein Leben in Deutschland nach dem Holocaust völlig ab. Und jetzt gibt es in Berlin die Heinz-Galinski-Schule: eine neue jüdische Schule!

Schon zu Beginn des 20. Jahrhunderts war ja vom Wiener Juristen und Publizisten **Theodor Herzl** propagiert worden: Das in Europa trotz aller Aufklärung abgelehnte, heimatlose jüdische Volk braucht wieder eine eigene jüdische **Heimat**: Das Volk ohne Land brauche ein Land ohne Volk! Unter Herzls Leitung fand 1897 in Basel der erste Zionistenkongreß statt, der »eine Heimstätte (*national home*) für das jüdische Volk in Palästina« forderte. Im Lauf des 20. Jahrhunderts, in der Folge von fünf großen, entschieden vorangetriebenen Einwanderungswellen (*alija*) nach Palästina wurde dieser **Staat** für das jüdische Volk schließlich **1948 gegründet**.

Und was in Berlin in der neuen jüdischen Grundschule unter Anstrengungen den Kindern beigebracht wird, das erhalten die Kinder im Staat Israel ganz natürlich von klein auf vermittelt: das Neuhebräische ist dort die selbstverständlich gebrauchte Sprache des Alltags.

Doch so erfreulich diese Entwicklungen in Deutschland und in Israel für das jüdische Volk sind: Christen dürfen ihre Schuld nicht vergessen: nicht Verdrängen, kritisches Erinnern hilft hier weiter.

Judentum

Die Mitschuld der Christen

Noch heute fragt man sich, wie es zu dieser ungeheuren Katastrophe kommen konnte, zur Shoah. Man weiß, daß Hitler und seine Helfershelfer allein die ganze katastrophale Entwicklung nicht erklären. Das wäre nicht möglich gewesen ohne das Ignorieren, Tolerieren, **Mitmachen der herrschenden Eliten** in Bürokratie, Wehrmacht, Wirtschaft und leider auch in den Kirchen.

Denn was wäre geschehen, wenn schon 1933 unmittelbar nach der Regierungserklärung Hitlers die **deutschen Bischöfe** zum Entsetzen vieler Katholiken nicht kapituliert, sondern protestiert hätten.

Was wäre geschehen wenn **der Vatikan** nicht schon 1933 mit einem Konkordat dieses Regime hoffähig gemacht hätte, sondern gewarnt hätte vor diesem Mann, dessen Programm und Buch »Mein Kampf« ja völlig deutlich machten, was seine Ziele waren?

Was wäre geschehen, wenn die 14000 **protestantischen Pastoren** in Deutschland einhellig nicht nur innerkirchlich Reserven angemeldet, sondern politisch Widerstand geleistet hätten?

Das alles ist nicht geschehen, und man soll nicht sagen, das wäre nicht möglich gewesen. **Konrad Adenauer**, unverdächtiger Zeuge, schrieb in einem Brief vom 23. Februar 1946: »Ich glaube, daß, wenn die Bischöfe alle miteinander an einem bestimmten Tag öffentlich von den Kanzeln aus Stellung genommen hätten, sie vieles hätten verhüten können. Das ist nicht geschehen, und dafür gibt es keine Entschuldigung.«

Der **Holocaust** ist ein **Warnzeichen** für die ganze Menschheit, wie weit wir es bringen, wenn man den Glauben an den Einen Gott und seine Gebote ersetzt durch den Glauben an einen Führer, eine Nation, eine Rasse. Heute sind wir glücklicherweise darüber hinweg. Jüdisches Leben ist wieder neu möglich in Berlin, in der Welt und vor allem im Staate Israel.

Die Neugeburt des Staates Israel

Der Holocaust war Tiefpunkt und Endpunkt der Moderne. Das Wiedererstehen des Judentums und besonders des Staates Israel ist der Anfangspunkt einer neuen, nach-modernen Epoche. Dies ist das wichtigste Ereignis der jüdischen Geschichte seit der Zerstörung Jerusalems im Jahre 70.

Der 1948 gegründete **Staat Israel** entwickelte sich in all den Jahrzehnten großartig: ökonomisch, politisch und kulturell. Das moderne Tel Aviv ist dafür ein Symbol. Imponierende Leistungen in den Bereichen Landwirtschaft, Technologie, Gesundheit, Bildung, Sport und Verteidigung. Den Juden in aller Welt verschafft der Staat Israel nach 2000 Jahren wieder ein geistiges Zentrum und eine reale Heimat. Die allermeisten der fast sechs Millionen amerikanischen Juden wollten und wollen freilich keinesfalls nach Israel zurückkehren – nicht zuletzt wegen der dortigen Spannungen. Reform-Rabbiner können in Israel ebensowenig rechtsgültig amtieren wie konservative. Ohne den Segen eines orthodoxen Rabbi wird in Israel kein Jude beschnitten, verheiratet oder beerdigt!

»Unten« am Meer aber, in der erst 1901 gegründeten modernen Millionenstadt Tel Aviv, herrscht zum Ärger der Orthodoxen »oben« in Jerusalem, wo viele Männer statt eigener Erwerbstätigkeit faktisch auf Kosten des Staates ausschließlich Tora und Talmud studieren, eine wenig religiöse, ja, eine höchst weltliche Atmosphäre. Und tatsächlich ist ein **westlicher Säkularismus** heute die Grundeinstellung vieler Israelis. Für die Orthodoxen aber bedeutet solch religiös entleertes Leben die Aufgabe des Judentums. Was soll ein reines Weltleben ohne Orientierung an der Tradition? Ohne Studium von Tora und Talmud?

Nur wenige wenden sich dabei irgendeiner der modernen, etwa indischen Sekten zu. Zahlreich hingegen die Säkularisten, die sich einer politischen Ersatzreligion verschrieben haben: »Israel über alles«. Ein **Israelismus**, fixiert auf den Holocaust als Zentrum der jüdischen Geschichte.

Der Staat mit dem Emblem der **Menora**, des siebenarmigen Leuchters, ist eine parlamentarische Demokratie mit moderner Verwaltung, Armee, Polizei, Wissenschaft, Wirtschaft und Gewerkschaft. Von einem moralischen jüdischen »Musterstaat« reden Israelis heute freilich kaum noch.

Nur an streng bewachten Kontrollposten dürfen die Palästinenser ihre Gebiete verlassen.

Manche von ihnen hoffen auf eine Änderung der fundamentalistisch-religiösen Gesetzgebung und Beendigung der autoritären Besatzungspolitik.

In den dreißiger und vierziger Jahren versuchten jüdische Freiheitskämpfer, damals »Terroristen« genannt, ihren legitimen Anspruch auf Selbstbestimmung auch mit Mitteln der Gewalt durchzusetzen. In den siebziger und achtziger Jahren taten dasselbe auch palästinensische Freiheitskämpfer, wieder »Terroristen« genannt. Mit bewaffnetem Kampf aber erreichten sie allesamt keinen Frieden. Die Palästinenser empfinden die Behandlung durch die Israelis als erniedrigend. Die Israelis ihrerseits haben ein legitimes Bedürfnis nach Sicherheit. Den meisten Israelis ist indes klar: Die stärkste Militärmacht im Nahen Osten zu sein reicht auf Dauer als Legitimation für Israel nicht aus.

Die Palästinenserfrage

Israel könnte im Nahen Osten ein vermittelndes, friedliches **Brückenland** werden. Der Traum Theodor Herzls ging ja nur zur Hälfte in Erfüllung: Israel hat ein Land, aber keinen Frieden.

Palästina war eben **nicht ein Land ohne Volk**, in welches das Volk ohne Land einfach einwandern konnte. Hier ist seit einem guten Jahrtausend eine arabisch-muslimische Bevölkerung ansässig, der wir ja auch die großen Mauern und die Tore verdanken: das Damaskustor etwa, den Eingang zum arabischen Jerusalem.

Das **Palästinenserproblem** ist sozusagen der **Schatten des Staates Israel**. In fünf Jahrzehnten fünf Kriege! Heute aber sehen auch viele Israelis ein, daß ein Volk von kaum sechs Millionen Juden nur dann gedeihen kann, wenn es mit den 140 Millionen Arabern ringsum Frieden hat und auch den Palästinensern das Recht auf einen Staat gibt.

Einen **Frieden** im Nahen Osten wird es freilich nur geben, wenn auf beiden Seiten die ethnisch-religiösen Ressentiments und **Aggressionen abgebaut** werden. Mehr als irgendwo sonst gilt hier das Wort: Kein Frieden unter den Nationen ohne Frieden unter den Religionen!

Zwei Olivenzweige

Im Staatswappen Israels ist die **Menora**, der siebenarmige Leuchter, das Symbol jüdischer Identität und Geschichte. Doch umrankt ist die Menora von **zwei Olivenzweigen**: Sie sollen die Friedenssehnsucht des jüdischen Volkes zum Ausdruck bringen.

Judentum

In einer Zeit, wo die europäischen Staaten, die früheren »Erbfeinde« Deutschland und Frankreich, Deutschland und Polen, aber auch die USA und Rußland Frieden und Zusammenarbeit gesucht und gefunden haben, muß es möglich sein, auch im nahöstlichen Krisengebiet eine friedliche Zukunft für Israelis und Palästinenser, überhaupt zwischen Juden und Arabern zu schaffen. Juden, Muslime und Christen brauchen gerade im Nahen Osten nach einem jahrhundertelangen **Nebeneinander** und schließlich **Gegeneinander** ein neues

– **Füreinander**: Verantwortung füreinander;
– **Zueinander**: Vertrauen und Wege zueinander;
– **Miteinander**: Gespräche und Begegnungen ohne Bekehrungsabsicht, gemeinsame Förderung von Gerechtigkeit, Freiheit und Solidarität.

Das Damaskustor: Eingang zum arabischen Ostteil Jerusalems.

Doch keine israelische Regierung kann von den **fundamentalistischen Orthodoxen** absehen, auch wenn sie nur eine Minderheit sind. Und diese wollen nun einmal ein religiös beherrschtes Judentum. Sie leben noch immer in einer mittelalterlichen Gegenwelt: »das Gesetz über alles«. Jeder soll sich an die Halacha, das **Religionsgesetz**, binden: von der rigorosen Einhaltung des Sabbat über die Speise- und Reinheitsgebote bis hin zur Geschlechtertrennung.

Judentum zwischen Säkularismus und Fundamentalismus

Jede Religion steht heute in einem **Grundkonflikt von Tradition und Innovation**. Und gerade im Judentum bündeln sich wie in einem Brennglas alle religiösen Probleme am Anfang des dritten Jahrtausends. Es kann sich gewiß als die älteste der drei prophetischen Religionen von den anderen beiden unabhängig sehen und ist so scheinbar auf den Dialog nicht angewiesen. Aber die meisten Juden leben bis heute als Minderheit in einer christlichen oder muslimischen Mehrheitsbevölkerung, sind von dieser und deren Regierung abhängig und so trotz allem auf Dialog angewiesen. Ein geistiger Austausch hat ja auch immer wieder stattgefunden.

Aber immer mehr Juden wird mit dem zeitlichen Abstand vom Holocaust bewußt, wie problematisch es ist, jüdische Identität allein aus dem Trauma der Vernichtung abzuleiten. Wie etwa in der Synagoge Beit Daniel in Tel Aviv strebt man ein **religiös begründetes und zugleich zeitgemäßes Judentum** an, verwurzelt im Glauben an den einen Gott, zum Ausdruck gebracht im »Schema Israel«, »Höre, Israel«: »Höre, Israel, der Herr unser Gott, der Herr ist einer.« (Deut 6,4)

So wird das Zentrale des jüdischen Glaubens bewahrt und für viele wiedererweckt, was seit über 3000 Jahren durch alle Epochen der Geschichte hindurch nie einfach verlorenging: der Glaube an Gott und seinen Bund mit seinem Volk.

Eine erneuerte jüdische Religion ist gegründet in der – nicht sklavisch zu befolgenden – **Tora**, hier einem Jungen bei seiner **Bar Mizwa**, der

Aufnahme in die Gemeinde, überreicht. Solche Religion vermag auch dem heutigen Juden eine **geistige Heimat** zu geben:
– Sie erinnert ihn an die große religiöse Tradition des Volkes.
– Sie gestaltet den Lebenszyklus von der Geburt bis zum Tod, strukturiert den Jahreszyklus mit den großen Festen, prägt den Wochenzyklus im Wechsel von Alltag und Sabbat und stützt den Tageszyklus mit Gebet und Geboten.

Am Ende des Gottesdienstes werden die Tora-Rollen wieder zusammengerollt, verhüllt und verschlossen. Das junge Gemeindeglied wird mit Gesang und Bonbons beglückt. Für die Menschen dieser Synagoge bedeutet der Gottesdienst Freude und Kraft für den Alltag. Ein Alltag, wo ein Weg der Mitte zu gehen ist: sich nicht isolieren und abkapseln, aber auch nicht sich total angleichen und völlig in der säkularen Gesellschaft aufgehen.

Der Dekalog als ABC des Menschenbenehmens

Wie weit das moderne Judentum noch entfernt ist von diesem Weg der Mitte zwischen einem religionslosen Säkularismus und einem fanatischen Fundamentalismus, hat sich hier mitten in Tel Aviv gezeigt, an dieser Stelle: die Ermordung des israelischen Ministerpräsidenten Itzhak Rabin.

Dabei hätte doch gerade das Judentum sein ganzes gewaltiges **religiöses und ethisches Erbe** in diese neue Weltepoche einzubringen. Denn es gibt kaum ein anderes Volk, das etwas so Substantielles und Markantes für ein kommendes **gemeinsames Menschheitsethos** zu bieten hat, wie gerade das Judentum mit seinen **Zehn Geboten**.

Diese sind, wie der deutsche Schriftsteller Thomas Mann nach den Schrecken des Nationalsozialismus erklärt hat, »Grundweisung und Fels des Menschenanstands«, ja, das »ABC des Menschenbenehmens«. Und dieses »ABC des Menschenbenehmens« muß in der Zeit der Globalisierung gerade auch für Weltpolitik und Weltwirtschaft gelten:

– Natürlich muß die **Weltpolitik** sich richten nach den nationalen Interessen, nach den realen Machtverteilungen. Aber das heißt nicht, daß der politische Zweck alle Mittel heiligt, daß der politische Zweck auch politischen Mord heiligt, Verrat, gar Krieg.

– Und natürlich hat auch die **Weltwirtschaft** sich zu richten nach bestimmten ökonomischen Gesetzmäßigkeiten und nach der Durchsetzbarkeit von all dem, was sie nun einmal zu leisten hat. Aber das heißt auch wieder nicht, daß der Profit, und sei er noch so gerechtfertigt, alle Mittel heiligt, auch Vertrauensbruch, auch unermeßliche Raffgier und soziale Ausbeutung.

Ohne ein Weltethos droht die Weltpolitik und die Weltwirtschaft in einem Weltchaos zu enden. Jedenfalls: Ohne ein Weltethos keine bessere, keine gerechtere Weltordnung!

Was wird die Zukunft sein?

Der Abend bricht herein über Tel Aviv. Niemand weiß zur Zeit, wie der »Kulturkampf« zwischen Säkularen und Religiösen ausgehen wird.

Sicher ist, daß auch die Menschen hier sich nach Frieden sehnen, nach Freundschaft, Liebe und geglücktem Leben. Das Judentum, diese Religion von bewundernswerter Kontinuität, Vitalität und Dynamik, wird gewiß hier und anderswo den Weg finden in eine Zukunft, in der das erfahrbar wird, was eines seiner Urworte tagtäglich zusagt: Schalom, Gottes Frieden für das Volk und die Völker.

Itzhak Rabin mußte seinen Einsatz für Frieden und Versöhnung mit dem Leben bezahlen: von einem radikalen Israeli hier in Tel Aviv erschossen.

Christentum

Am Christentum verzweifeln?

Ob man das Wesen des Christentums gerade hier finden wird, in den Slums Lateinamerikas? Viele Europäer haben das Christentum ja abgeschrieben, sind an ihm verzweifelt. Sie haben den Kirchen den Rücken gekehrt. Sie identifizieren Christentum mit Bürokratie und Pomp, mit Lehrdiktat, Sexual- und Frauenfeindlichkeit, autoritärer, uneinsichtiger Amtskirche ....

Im zu 93 Prozent katholischen **San Salvador**, der Hauptstadt der kleinsten und zugleich am dichtesten bevölkerten Republik Zentralamerikas El Salvador (rund 6 Millionen Einwohner), gibt es all dies natürlich auch. Aber eben nicht nur. Am Fluß der armen Leute unterhalb der umzäunten und befestigten Villen der weißen Oberschicht, im Elendsviertel La Chacra, wo etwa 20000 Menschen in armseligen Behausungen leben, da ist das Christentum für viele eine große Hoffnung.

Die Menschen hier identifizieren Christentum schlicht mit ihrem Seelsorger, dem Jesuitenpater Daniel Sanchez. Seit bald 15 Jahren kümmert er sich um alle leiblichen und seelischen Sorgen dieser Menschen. In einer Zeit des absoluten Priestermangels hat er von der Basis her ein lebendiges Gemeindeleben aufgebaut, mit einer ganzen Reihe kleiner Teams für Gottesdienst, Gesang, Katechese, Nachbarschaftshilfe ... Kirche nicht als »heilige Herrschaft«, »Hierarchie«, sondern als Gemeinschaft der Glaubenden, **Iglesia popular**, **Volkskirche**, wie sie in ungezählten Slums und Dörfern Lateinamerikas lebt.

Lebendige Christengemeinde

Der Priester ist hier **nicht** der Pfarrherr in einer **Zweiklassen-Kirche** aus Klerus und Laien, er ist vielmehr der Diener der Glaubensgemeinschaft. Natürlich ist diese Gemeinde heilfroh, daß sie noch einen Pfarrer hat. Ohne seine Inspiration, Koordination, Leitung, manchmal auch Vermittlung wäre vieles nicht möglich.

El Salvador gilt als das Land mit der höchsten Verbrechensrate des ganzen Kontinents; jeden Tag werden mehrere Menschen ermordet. Aber dieser Pater braucht keine Angst zu haben, denn er steht in ständigem Kontakt mit all den Menschen hier, die ihn schätzen und lieben. Er und seine Mitarbeiterinnen und Mitarbeiter versuchen, angesichts einer Kultur der Gewalt wenigstens im kleinen eine Kultur der Gewaltlosigkeit, der sozialen Gerechtigkeit und des Friedens zu verwirklichen. Gelebtes Christentum.

Da wird zum Beispiel Muttertag gefeiert, und deshalb werden die Mütter besonders begrüßt und gewürdigt. Die Liebe der Mütter sieht der Prediger im Licht der Liebe Gottes selbst, der uns – das erregt hier keinen Anstoß – Vater und Mutter in einem sei.

Vieles **erinnert an das Urchristentum**: Wie bei Paulus in Korinth haben in diesem Gottesdienst **alle** etwas zu sagen. Auch **Frauen** erzählen von ihren Erfahrungen und lesen die Bibel, als wäre diese an sie persönlich geschrieben. Sie erkennen sich wieder in den urchristlichen Gemeinden. Hier schweigen die Frauen nicht in der Gemeindeversammlung, wie es in einer unechten Paulus-Stelle heißt, sondern haben selbstverständlich das Wort. Alle beten und singen zusammen und feiern das Abendmahl. Eine Kirche, die sich als Volk Gottes versteht.

Liturgie und soziales Engagement

Aber zugleich ist hier allen klar: Der christliche Glaube muß praktische Konsequenzen haben. Er darf keinesfalls Unterdrückung und Ausbeutung rechtfertigen, sondern muß sie zu überwinden trachten. Gottesdienst und Menschendienst, **Liturgie und soziales Engagement** gehören zusammen. Freilich: Wer in der Zeit der Militärdiktatur auf soziale Reformen und Menschenrechte drängte, war gefährdet und mußte – selbst am Altar – um sein Leben fürchten.

Ein Name stellvertretend für viele: **Oscar Romero**, der Erzbischof von El Salvador. Er war im kirchlichen Establishment groß geworden. Aber die ungeheure Not der Menschen und die Ermordung eines Freundes und Priesters veränderten sein Leben. Er wurde zum engagierten Verteidiger der Rechte seines unterdrückten Volkes. Dafür mußte er 1980 am Altar mit dem Leben bezahlen.

Was ist das Wesen des Christentums?

Wenn man hier an der Stelle steht, wo direkt aus dem Auto Monseñor Romero am Altar erschossen wurde, dann wird einem rasch bewußt, worum es im Christentum geht. Man könnte natürlich auch den protestantischen Theologen und Widerstandskämpfer Dietrich Bonhoeffer anführen oder den amerikanischen Bürgerrechtler und Pastor Martin Luther King oder den polnischen Priester Popieluszko und ungezählte andere. Gemeinsam ist ihnen allen:
- Sie waren überzeugte Christen.
- Sie haben sich ohne Gewalt für ihre Mitmenschen eingesetzt.
- Und sie sind alle mit brutaler Gewalt erledigt worden.

Damit sind sie allerdings auch dem ähnlich geworden, der für sie in ihrem Leben, Leiden und Kämpfen das Leitbild war: Jesus von Nazaret.

Und Sie sehen, das führt nun unmittelbar zum Zentrum: Was ist denn eigentlich das **Wesen des Christentums**? Das Wesen des Christentums ist nicht, wie manche meinen, irgendeine große Theorie, eine Weltanschauung, auch nicht ein kirchliches System. Sondern das ist schlicht und einfach dieser Jesus Christus.

Und **Christ** ist, wer auf seinem ganz persönlichen Lebensweg – und jeder Mensch hat seinen eigenen Weg – versucht, sich an diesem **Jesus Christus zu orientieren**. Und im Grunde sollte keine Organisation, keine Institution und auch keine Kirche sich ehrlicherweise »christlich« nennen, wenn sie sich nicht wahrhaft in Wort und Tat auf ihn berufen kann.

Zeugen des Glaubens

Nie hätte ich es mir vorstellen können: Neun Jahre nach Romeros Ermordung wurden 1989 hier in San Salvador meine Freunde, sechs Jesuitenprofessoren, im Ordenshaus der UCA (Universidad Centroamericana), wo ich 1987 ihr Gast war, von einem Todeskommando brutal massakriert: sechs Patres einschließlich dem Rektor der Universität, Ignacio Ellacuria, und zwei Bediensteten. Jon Sobrino, einer der angesehensten Befreiungstheologen, zufällig damals auf Reisen, ist der einzige der Freunde, der in San Salvador übrigblieb. Auf den furchtbaren Fotos konnte ich sie kaum wiedererkennen.

Sie waren Dozenten an der Universität und widmeten sich seit Jahrzehnten zugleich den Ärmsten der Armen, denen ja nach der Bibel Gottes besondere Sorge gilt. Keiner von ihnen wollte zum Märtyrer werden. Sie waren allesamt keine Asketen, sondern ganz normale Menschen, allerdings **engagierte Christen**: Sie wollten schlicht ihr Leben nach Gottes Willen richten. Und das heißt: Sich zum Wohl der Mitmenschen einsetzen – ganz in der Nachfolge des Gekreuzigten: Also nicht Intoleranz, Haß, Gewalt predigen, sondern Offenheit für alle, Güte, Verzeihen, Solidarität üben, Gottesliebe und Nächstenliebe: den anderen lieben, wie man sich selbst liebt.

Der Geist dieses Jesus war lebendig in all diesen Gestalten und in zahllosen anderen, die auf ihre Weise im Alltag glaubhafte und engagierte Vertreter des Christentums sind, aufrechte **Zeugen** eines Glaubens, der an Jesus selber orientiert ist: der Urwalddoktor Albert Schweitzer, der UN-Generalsekretär Dag Hammarskjöld, Papst Johannes XXIII., Patriarch Athenagoras, Erzbischof Helder Camara, Erzbischof Desmond Tutu, Mutter Teresa, Abbé Pierre ... Sie alle eint die Orientierung an der konkreten menschlichen Gestalt Jesus, der seit den Anfängen »Christus«, »Gesalbter«, »Messias« genannt wird.

Ja, alle diese Menschen vertrauten der **christlichen Sache**, weil sie **in dieser einen Person verkörpert** ist, einzigartig, unüberholbar und unverzichtbar:

– Nur durch seinen Geist ist das Christentum als geistige Macht präsent geblieben: Der Christus ist seine **Grundinspiration**.

– Nur durch seinen Namen werden die so unterschiedlichen Schriften des Neuen Testaments und dann die so unterschiedlichen christlichen Kirchen zusammengehalten: Der Christus ist ihre **Grundgestalt**.

Rosenstöcke markieren jene Stellen, wo die Jesuiten von einem Todeskommando brutal massakriert wurden.

– Nur aufgrund seiner Geschichte durchzieht so etwas wie ein leuchtender »goldener Faden« das ständig neu gewirkte Gewebe der oft rissigen und dunklen Kirchengeschichte: Der Christus bildet in aller christlichen Tradition, Liturgie, Theologie und Frömmigkeit das **Grundmotiv**, das auch in aller Dekadenz nie gänzlich verlorenging.

Doch gerade deshalb ist immer wieder eine Besinnung auf die Ursprünge notwendig: auf die **Ur-Kunde der Bibel** und so auf die **Ur-Gestalt Jesus Christus**. Er und nicht das jeweils real existierende Christentum dieser oder jener Kirche, er und nicht irgendeine staatliche oder kirchliche Autorität, ist das **Kriterium für das Christliche**: Die gelebte Nähe zu diesem Ursprung, diesem Fundament, diesem Zentrum muß ausschlaggebend sein.

Eine frohe Botschaft

Doch wir erkennen diesen Jesus nur über den riesigen Abstand der Zeit. Und jedes Volk und jede Generation hat das Recht, ihre eigene Dimension dieser einzigartigen Gestalt herauszustellen. Maßstab aber muß dabei nicht ein erträumter, sondern der wirkliche Christus sein: die ganz konkrete, menschliche Gestalt in ihrer geschichtlichen Unverwechselbarkeit.

Alle herausragenden christlichen Gestalten aus unserem Jahrhundert machen ja auf ihre Weise deutlich, daß die **Leitgestalt**, auf die sie sich beziehen, **in ihren entscheidenden Umrissen unverwechselbar** ist. Gewiß, über viele Details in den allesamt von Menschen verfaßten neutestamentlichen Quellen kann man streiten, ist doch dieses Neue Testament das mit Abstand am genauesten untersuchte Buch der Weltliteratur. Über jeden seiner Sätze gibt es kaum noch zählbare Untersuchungen in allen möglichen Sprachen. Über fast jedes der darin gebrauchten Worte gibt es große Abhandlungen. Vieles ist im einzelnen unklar oder verschieden deutbar.

Doch für die christlichen Zeugen unseres Jahrhunderts war das Entscheidende der Botschaft Jesu völlig eindeutig. Die frohe Botschaft von einer neuen Freiheit: sich nicht beherrschen zu lassen von der Gier nach Geld und Prestige, vom Willen zur Macht, vom Trieb zum Sex und der Sucht nach Genuß und Vergnügen, sondern frei für Gott und die Menschen werden. Der Mensch soll dabei nicht zum Asketen werden; auch Jesus hat bekanntlich an Gastmählern teilgenommen. Aber der Mensch soll auch nicht nur egoistisch seine eigenen Interessen pflegen und Bedürfnisse befriedigen.

Vielmehr gilt es, **im Blick auf das Gottesreich nach Gottes Willen zu leben** und das Wohl des Nächsten im Auge zu behalten: ihn nicht beherrschen zu wollen, sondern ihm zu dienen versuchen. Eine neue Solidarität mit den Schwachen, Kleinen und Armen. Güte und Verzeihen praktizieren. Nicht nur das Einhalten von Geboten: nicht töten, lügen, stehlen, Unzucht treiben. Sondern unprätentiöses Engagement für den Mitmenschen: eine Liebe, die auch den Gegner respektiert und den Feind nicht liquidiert. Eine Botschaft der Gewaltlosigkeit, der Barmherzigkeit und des Friedens.

Ein dramatisches Schicksal

Wäre Jesus in Galiläa, diesem entlegenen Winkel des römischen Imperiums, in hohem Alter eines normalen Todes gestorben, wären seine Sprüche, Gleichnisse, die sogenannte »Bergpredigt« kaum der Nachwelt überliefert worden. Denn die Kraft seiner Botschaft hat zu tun mit seinem dramatischen Schicksal, wie es sich in der heiligen Stadt Jerusalem zuspitzte.

Der Jude Jesus verkündet nicht einen jüdischen Gottesstaat und auch nicht die Errichtung einer Kirche. Vielmehr das kommende Gottesreich mit seinen Verheißungen und Maßstäben. Doch seine Botschaft und Praxis führen zur **Konfrontation** mit dem religiös-politischen Establishment: ein **Konflikt auf Leben und Tod**! Zu radikal seine Kritik an der überkommenen Religiosität und an der Machtausübung der Herrschenden. Zu liberal sein Umgang mit dem Religionsgesetz, mit Sabbat, Reinheits- und Speisevorschriften. Zu skandalös seine Solidarisierung mit Armen, Armseligen, »armen Teufeln«: Ihn erbarmt des Volkes. Zu viel Nachsicht zeigt er zum Ärger der Frommen mit Gesetzesbrechern, den

Jerusalem – hier eskalierte Jesu Konflikt mit dem religiösen Establishment: hinten der Ölberg, in der Mitte der Tempelplatz, heute mit dem Felsendom.

Christentum

»Sündern«. Im Einzelfall Vergeben ohne Ende, Verzicht ohne Gegenleistung, Dienst ohne Rangordnung – darauf zielen seine Parabeln und seine Praxis.

Der **historische Konflikt einer historischen Gestalt**: Über diese unter König Herodes gebaute und erst vor kurzem wieder ausgegrabene Straße hat er gehen müssen, wann immer er zum Tempel wollte. Ebenfalls noch heute zu sehen ist der Aufgang zum Tempel (unten), wo der Konflikt Jesu mit dem religiösen Establishment seiner Zeit eskalierte. Und die Protestaktion gegen den Tempelbetrieb, dessen Hierarchie und Nutznießer, war wohl Jesu entscheidende Provokation, die schließlich zu seiner Verhaftung und Verurteilung führte. Heute ebenfalls noch sichtbar ist der alte Torbogen des Eingangs (der seit langem vermauert ist). Noch erhalten ist der Tempelplatz, wo Jesus lehrte und disputierte. Noch erkennbar ist schließlich – auf der anderen Seite der Stadt – das römische Praetorium: Hier ist der Nazarener als politischer Revolutionär, der er nicht war, verurteilt worden, vom römischen Gouverneur Pontius Pilatus.

Das furchtbare **Ende** ist bekannt, und die Grabeskirche erinnert an all das: Er starb als junger Mann von gut 30 Jahren, nach erstaunlich kurzem Wirken von höchstens drei Jahren oder vielleicht nur wenigen Monaten. Verraten und verleugnet von seinen Schülern und Anhängern. Verspottet und verhöhnt von seinen Gegnern. Verlassen von Gott und den Menschen. Auf die grauenhafteste Weise stirbt er, wie man es nach römischer Rechtsprechung Verbrechern mit römischem Bürgerrecht nicht zumutete. Nur entlaufene Sklaven und politische Rebellen starben so: am Kreuzesgalgen. Das letzte Lebenszeichen des Gequälten – ein Schrei. Seither ist das **Kreuz** das **Erkennungszeichen der Christen**. Und es ist das Kreuz, das es ihnen ermöglicht, auch das Negative in Menschenleben und Gesellschaft, Leid, Schuld, Sinnlosigkeit und Tod zu bewältigen.

Zum Gottessohn eingesetzt

Doch es ist eine Frage bis heute: Wie konnte das **Schandkreuz** Jesu für die ersten Glaubenden zum **Heilszeichen** werden? Tatsache ist ja, daß diese das Kreuz schon bald in einem völlig anderen Licht sahen. Warum? Aufgrund bestimmter geistiger Erfahrungen, Visionen, »Erscheinungen« und zugleich bereitliegender Deutungsmuster aus der Hebräischen Bibel waren sie zur Überzeugung gekommen: Dieser Jesus ist nicht im Tod geblieben, sondern ist von Gott zum ewigen Leben erweckt, in Gottes Herrlichkeit aufgenommen worden.

Wie soll man sich das vorstellen? Wir können uns nun einmal weder einen Begriff noch ein treffendes Bild von der Wirklichkeit Gottes machen; selbst die Kunst stößt hier an ihre Grenzen. Aber es ist seither die **Glaubensüberzeugung** der Christen: Dieser Jesus Christus ist nicht in ein Nichts, sondern in die wirklichste Wirklichkeit, **in Gott selbst hinein gestorben**.

Schon zu seinen Lebzeiten hatte er, diese große enthusiastisch-prophetische Gestalt, ohne Amt und Titel, allein mit Worten und Heilungstaten eine Vollmacht in Anspruch genommen, welche die eines Rabbi oder Propheten überstieg. Manche sahen in ihm den Messias. Er berief sich zur Rechtfertigung im großen Streit stets auf Gott selber, den er in skandalöser Vertrautheit mit »Abba« (»Väterchen«, »lieber Vater«) anzureden wagte. Aufgrund ihrer Auferweckungserfahrungen wird er von der Urgemeinde als »Sohn Gottes« angerufen – ein Titel, der früher den Königen Israels vorbehalten war.

Aber welcher der vielen Titel auch immer: Er selber ist und bleibt seither die lebendige Verkörperung seiner Sache. Mit ihm ist für die Christen das Reich Gottes angebrochen. Auf ihn und seinen Weg lassen sie sich ein. Der Gekreuzigte ist das große Zeichen der Hoffnung auf ein ewiges Leben, wie es im urchristlichen Glaubensbekenntnis zu Beginn des Römerbriefs heißt: Er ist »eingesetzt als Sohn Gottes in Macht seit der Auferstehung von den Toten« (Röm 1,4). Aber geschichtliche Tatsache ist auch: Die Gottessohnschaft Jesu wurde ein Zeichen des Zwiespalts: zwischen Christen und Juden zuerst, dann auch zwischen Christen und Muslimen. Eine Tragödie der Religionsgeschichte.

Das Kreuz: vom Schandzeichen zum Heilszeichen.

Gemeinsame Wurzeln von Judentum, Christentum und Islam

Es gibt wohl keinen anderen Ort in der Welt, wo die Gegensätzlichkeit von Judentum, Christentum und Islam so intensiv erfahren wird wie gerade hier in Jerusalem.

Trotzdem wäre es töricht, diese **drei prophetischen Religionen** einander von vornherein entgegenzusetzen. Denn die ersten Christen blieben ja im Judentum integriert. Sie lasen dieselbe Hebräische Bibel, beteten dieselben Psalmen, beobachteten sogar das jüdische Gesetz und den Sabbat. Sie vollzogen die Taufe des Johannes und das Brotbrechen des Mahles – allerdings nun im Namen Jesu!

Aber gerade wenn man die drei Religionen nahöstlichen Ursprungs vergleicht mit den Religionen der beiden anderen großen religiösen Stromsysteme Indiens und Chinas, wird einem sofort klar, daß sie viel mehr gemeinsam haben als alles, was sie trennt:

1. Alle drei, Judentum, Christentum und Islam, sind **Glaubensreligionen**: Sie glauben an den einen Gott; und auch die arabischen Christen sprechen Gott mit dem Namen Allah an.
2. Alle drei sind **geschichtlich** geprägt: Sie denken nicht in kosmischen Zyklen, sondern von Gottes Schöpfung her auf eine Vollendung der Welt und des Menschenlebens hin.
3. Alle drei sind von großen **prophetischen Gestalten** geprägt: Sie sind nicht mystische, sondern prophetische Religionen im historischen Sinn.
4. Alle drei haben ihre Botschaft in **Heiligen Schriften** niedergelegt: Sie sind so etwas wie Religionen des Buches.
5. Alle drei haben ein gemeinsames **Grundethos**: große Gebote der Menschlichkeit, die sie als Ausdruck des Willens Gottes selber empfinden.

Der große Streit in der Urkirche

Bis heute ist unter Juden umstritten: Wie weit muß man sich, über ein Grundethos hinaus, an das **Religionsgesetz** halten? Eine Frage, die auch unter den ersten Christen umstritten war.

Auch die ersten Mitglieder der **Jerusalemer Urgemeinde** (Paradigma I) waren allesamt **Juden**, gleichgültig, ob sie aramäisch oder griechisch sprachen. Doch als die ersten Nichtjuden sich der jungen Christengemeinde anschließen wollten, spitzte sich der Konflikt zu: Daß die ersten

Christen an der **Tora** und ihren **ethischen Grundforderungen** festhielten, war von Anfang an selbstverständlich. Aber zunehmend umstritten war: Sollten die Christusgläubigen, selbst wenn sie nichtjüdischer Herkunft waren, auch alle 613 **kultisch-rituellen Gebote** des jüdischen Gesetzes, der **Halacha**, einhalten müssen? Sollten die Heiden-Christen faktisch die jüdische Lebensweise übernehmen müssen: Beschneidung, Feiertage, die zahllosen Sabbat-, Reinheits- und Speisevorschriften?

Nicht um Dogmen wie die Gottessohnschaft Christi oder die Dreieinigkeit Gottes also ging der erste große **Streit** in der ersten Christengemeinde, sondern um das **jüdische Religionsgesetz**: Wie weit muß man sich überhaupt an das jüdische Religionsgesetz halten? Soll es verpflichtend sein auch für Christusgläubige, die nicht geborene Juden, sondern Heiden waren?

Nein, sagt der für die Heidenmission verantwortliche Apostel **Paulus**, ein im hellenistischen Milieu, in der (heute südtürkischen) Stadt Tarsus aufgewachsener Judenchrist. Aufgrund seiner Berufungserfahrung (»Damaskuserlebnis«) sieht er sich legitimiert, Jesus, den Messias Israels, als Messias der ganzen Welt, nicht nur den Juden, sondern auch den **Heiden**, zu verkünden.

Der **Testfall** kam schon bald und entzündete sich an einer der bis heute wichtigsten Fragen des jüdischen Religionsgesetzes: Was darf man essen? Was ist »koscher« (»rein«) und was nicht? Und damit verbunden die Frage: **Wer ißt mit wem**? Ein »Apostelkonzil« in Jerusalem schien im Jahr 48 einen für Heiden-Christen tragbaren Kompromiß gefunden zu haben: Freiheit vom Religionsgesetz – aber nur für Jesusgläubige heidnischer Herkunft.

Und doch kommt es zum Konflikt: und zwar in der syrischen Hauptstadt Antiochien, der nach Rom und Alexandrien bedeutendsten Stadt des

Paulus

Imperiums. Dort hatte sich nämlich die erste heidenchristliche Gemeinde gebildet. Dorthin war **Petrus**, genannt »Kephas«, »der Fels«, verantwortlich für die Judenmission, gekommen. Zunächst pflegt er ganz wie Paulus mit den Heiden-Christen Tischgemeinschaft. Doch gibt er diese auf, sobald übereifrige Anhänger des gesetzesstrengen Herrenbruders **Jakobus** (mit Petrus und Johannes eine der »drei Säulen« der Urgemeinde) aus Jerusalem eingetroffen sind. Diese fordern streng koscheres Essen und sondern sich ab.

Paulus, der sein ganzes Werk, die Heidenmission, gefährdet sieht, verteidigt leidenschaftlich und öffentlich jetzt die **Freiheit des Christenmenschen** gerade in Sachen Mahlgemeinschaft. Im 2. Kapitel seines Briefes an die Gemeinde in der römischen Provinz Galatien berichtet er persönlich davon: »Als aber Kephas nach Antiochia kam, **widerstand ich ihm ins Angesicht**, denn es war Grund zur Klage gegen ihn.

Petrus

Denn bevor einige von Jakobus kamen, aß er mit den Heiden; als sie aber kamen, zog er sich zurück und sonderte sich ab, weil er die aus dem Judentum fürchtete. Und mit ihm heuchelten auch die anderen Juden.« Und Paulus: »Als ich aber sah, daß sie nicht richtig handelten nach der Wahrheit des Evangeliums, sprach ich zu Kephas öffentlich vor allen: Wenn du, der du ein Jude bist, heidnisch lebst und nicht jüdisch, warum zwingst du dann die Heiden, jüdisch zu leben?«

Und dann folgten seine Worte über die **Rechtfertigung des Sünders durch den Glauben**, die Geschichte machen sollten: »Wir (Petrus und Paulus) sind von Geburt Juden und nicht Sünder aus den Heiden. Doch weil wir wissen, daß der Mensch durch Werke des Gesetzes (der Halacha) nicht gerecht wird, sondern durch den Glauben an Jesus Christus, sind auch wir zum Glauben an Christus Jesus gekommen: damit wir **gerecht** werden durch den Glauben an Christus und nicht durch Werke des Gesetzes, denn durch Werke des Gesetzes wird kein Mensch gerecht.«

Also, ob Jude oder Heide, ob Mann oder Frau: Der Mensch wird vor Gott gerecht nicht durch die Werke des jüdischen Ritualgesetzes, sondern durch das glaubende Vertrauen auf Gott, wie er sich in Christus manifestiert hat. Heiden-Christen waren von nun an frei vom strengen jüdischen Religionsgesetz.

Verlust des jüdischen Wurzelbodens

Es war ein lokaler Streit, gewiß – aber mit welthistorischen Folgen und Opfern! Denn das **Juden-Christentum** (P I) zieht bei dieser Auseinandersetzung den kürzeren: Nicht nur bleibt es zahlenmäßig klein. Mit den Katastrophen der jüdisch-römischen Kriege verliert es sein Zentrum, die allen Juden heilige Stadt Jerusalem. Im Jahr 70 wird der Tempel zerstört, im Jahr 135 die ganze Stadt.

Die Juden-Christen **weichen nach Osten aus** ins Ostjordanland und breiten sich nach Babylonien und Arabien, ja nach Äthiopien und Südindien aus. Aber überall fristen sie ein recht isoliertes Dasein. Im Laufe der Jahrzehnte werden sie von stolz gewordenen heiden-christlichen Bischöfen und Theologen **als ketzerische Sekte denunziert**: Sie würden ihren Christusglauben mit der (für Juden-Christen doch legitimen!) Beobachtung des jüdischen Religionsgesetzes verbinden. Noch wichtiger: Die Juden-Christen machten die rasche Entwicklung zu einer »hohen«, in griechischen Kategorien ausgedrückten und Jesus immer mehr vergöttlichenden Christologie, nicht mit.

Sehr viel später ging das Juden-Christentum in seiner Zerstreuung vielfach im Manichäismus und im Islam auf. Ein unermeßlicher Schaden für das Christentum – dieser Verlust des jüdischen Wurzelbodens! Er hatte eine einseitige Hellenisierung seiner Glaubensanschauungen und Lebensordnungen zur Folge. Mit dem Juden-Christentum fiel das Bindeglied zwischen Synagoge und Kirche weg.

Das Christentum wird griechisch

Das hellenistische **Heiden-Christentum** hatte seinen ungeheuren Siegeszug schon längst angetreten, nämlich mit den kühnen **Missionsreisen des Apostels Paulus**, wie er sie seit den vierziger Jahren von Antiochien aus unternahm. Hier hatten die Christusgläubigen zum ersten Mal den Namen »Christen« (christianoí) erhalten. In Kleinasien und an der griechischen Küste gründet Paulus Gemeinden.

Der Apostel ist wie Jesus und die Urgemeinde »endzeitlich« (»apokalyptisch«) orientiert. Das heißt, er rechnet mit dem unmittelbar bevorstehenden Ende der Welt. So setzt er denn auch, wie es seine authentischen Briefe bezeugen, keine auf Dauer angelegte Kirchenhierarchie ein: keinen Episkopat (Bischöfe) und keinen Presbyterat (Älteste); er übt keine Handauflegung oder Ordination. Vielmehr hinterläßt er **charismatisch und »demokratisch« legitimierte und funktionierende Gemeinden**. Alle Mitglieder haben ihre verschiedenen Gaben, Aufgaben, »Charismen«: eine Gemeinschaft in Freiheit, Gleichheit, Geschwisterlichkeit. Denn auch **Frauen** nehmen hier wichtige Leitungsfunktionen wahr. Alles in allem ein Ideal von urchristlicher Gemeinde, das bis heute vielen Kirchengemeinschaften in Erinnerung geblieben ist.

Des Paulus Briefe waren **griechisch** geschrieben – damals die internationale Verkehrssprache der städtischen Bevölkerung. Auch die vier Evangelien, die Apostelgeschichte, ja, **alle neutestamentlichen Schriften** wurden der Nachwelt nur in griechischer Sprache überliefert, von einigen aramäischen Worten wie *maran atha* (»Herr, komme!«) abgesehen. Mit Paulus war der **Übergang vom** (teils hebräisch-aramäisch, teils griechisch sprechenden) **jüdischen Christentum zu einem ausschließlich griechischen** (und erst später lateinischen) **Christentum** eingeleitet worden. Der Verlust des Juden-Christentums, so schien es, ließ sich verschmerzen. Denn ein Christentum, mit dem Griechentum versöhnt, kann jetzt zu einer **universalen Menschheitsreligion** werden, die alle Völker, Kulturen und Kontinente umgreift und verbindet.

Christentum

Die Hierarchie setzt sich durch

Gerade im syrischen Antiochien setzt sich ein oder zwei Generationen nach Paulus, wie es die Apostelgeschichte des Lukas, die Pastoralbriefe und die Briefe des Ignatius von Antiochien bezeugen, aus praktischen Gründen eine »Hierarchie«, eine »heilige Herrschaft« durch: ein **monarchisches Bischofsamt**, ja, eine **dreistufige Ämterhierarchie** aus Bischof, Presbytern (Priestern) und Diakonen. Bald dominiert sie auch in den paulinischen Gemeinden und findet von den östlichen Kirchen her auch im Westen und in Rom Eingang. Von einer »Einsetzung« dieser Ämterhierarchie durch Christus oder die Apostel kann nach den neutestamentlichen Urkunden freilich keine Rede sein; sie darf von daher – aller Kirchenideologie zum Trotz – auch nicht für unveränderlich erklärt werden. Sie ist vielmehr, wie auch die exklusive »apostolische Sukzession« der Bischöfe (isoliert von Pfarrern und Laien), das Resultat einer – vermutlich kaum vermeidbaren – historischen Entwicklung. Kirche kann so geordnet sein, aber sie muß es nicht.

Anstelle der juden-christlichen Theologie (nur in wenigen Dokumenten überliefert) setzt sich jetzt auf der ganzen Linie die eine **griechisch-hellenistische Theologie** durch. Selbstverständlich sind auch die ersten Glaubensbekenntnisse und das erste römische Eucharistiegebet auf griechisch formuliert. In kürzester Zeit hat sich so ein hellenistisch gefärbtes Christentum über die damalige Ökumene ausgebreitet: im ganzen Imperium Romanum vom Kaspischen und Schwarzen Meer bis nach Spanien und Britannien. Im Gegensatz zum verschwindenden Juden-Christentum (Paradigma I) ein zweifellos imponierendes **weltweites, »ökumenisches«, hellenistisches Paradigma** von Christentum (Paradigma II).

Eine stille Revolution »von unten«

Fast drei Jahrhunderte waren die Christen eine unterdrückte, bisweilen auch verfolgte Minderheit gewesen. Doch in einer stillen Revolution »von unten« entwickelte diese unpolitische, friedliebende, kleine jüdische »Sekte« der Christen eine weltverändernde Kraft. Langsam wurde sie zu der Weltreligion, durch die sich Orient und Okzident enger miteinander verbinden sollten als selbst durch Alexander den Großen.

Unzweifelhaft war die neue Religion in ihren ersten Jahrhunderten eine **moralische Kraft**, welche die **Gesellschaft durch ein neues ethisches Ideal im Geiste Jesu veränderte**:
– ein Handeln nicht einfach gut römisch nach Gesetz, Sitte oder Klassenmoral, spektakulär wenn möglich zu eigenem Ruhm und Ehre;
– ein Handeln vielmehr aus einer geistigen Mitte heraus, aus ungeteiltem, einfachem **Herzen**, das im Mitmenschen den Bruder und die Schwester erkennt. Von daher kam es zu einer alltäglichen, kontinuierlichen Solidarität mit den Marginalisierten, Leidenden und Armen sowie zu einer organisierten Sorge für Bedürftige, Kranke, Waisen, Witwen, Reisende, Gefangene, Altgewordene. Es ist keine Frage: Auch in allen folgenden Jahrhunderten vermochte der Geist des Nazareners sich trotz versagender Personen, Institutionen und Konstitutionen immer wieder durchzusetzen, wo immer nicht nur Worte gemacht, sondern ganz praktisch Nachfolge in seinem Namen geschah.

In einer Breite und Tiefe wie nachher zu keiner Zeit mehr ist hier die **Inkulturation** des Christentums gelungen: statt im ländlich-palästinisch-nahöstlichen Wurzelboden (Paradigma I) jetzt in der hellenistisch-römischen Weltkultur (Paradigma II). Große Theologen wie die Alexandriner Klemens und Origenes schufen im 3. Jahrhundert eine Verbindung von Glauben und Wissenschaft, Theologie und Philosophie, Kirche und Kultur. Und diese bildet die Voraussetzung für eine Verbindung von Christentum und Imperium, die nur eine Frage der Zeit war. Im 4. Jahrhundert war es soweit.

Konstantinopel – das Zweite Rom

Kaiser Konstantin (306-337) ist es, der nach Zeiten schwerster staatlicher Unterdrückung und Verfolgung zu Beginn des 4. Jahrhunderts die schließlich unvermeidliche **politische Wende** herbeiführt. Die Christenheit erhält mit dem politischen Paradigmenwechsel auch ein anderes Zentrum: Statt Jerusalem zunächst Rom und schon bald **Konstantinopel**, von Kaiser Konstantin errichtet an der Stelle des altgriechischen Byzantion. »Byzanz« wird Mittelpunkt und führende Kirche der Christenheit, das **Zweite Rom**. Die kleinen Gemeinschaften der Christen werden jetzt zu Großorganisationen. Die Minorität wird zur Majorität, die verfolgte Religion zur einzig legitimen Religion, die Untergrundkirche schließlich zur Staatskirche.

Symbol für diese christliche Staatskirche wird die **Hagia Sophia** sein, erbaut von Kaiser Justinian (527-565) im 6. Jahrhundert. Ein – erfreulicherweise vor mutwilliger Zerstörung bewahrtes – großartiges Mosaik auf der Empore illustriert deutlich die neue christliche Staatsideologie. **Jesus Christus** wird in diesem Paradigma als der **Allherrscher** (Pantokrator) verstanden, der an der Stelle Gottes steht. Und in seinem Namen regiert der Kaiser als Autokrator (Selbstherrscher) Staat **und** Kirche. Der Kaiser und er allein beruft, leitet und approbiert jene ökumenischen Konzilien, welche die Normen für die Rechtgläubigkeit, die Orthodoxie, festlegen; von einem »Papst« redet man damals nicht einmal im alten Rom.

Die Hagia Sophia – Symbol für die christliche Staatskirche.

Vom christlichen Glauben zum orthodoxen Dogma

In jener neuen imperialen Konstellation von Staat und Kirche entwickelt sich jetzt auch das **kirchliche Dogma**. In Auseinandersetzung mit allen möglichen theologischen Optionen ist man gezwungen, immer präziser das Verhältnis Jesu zu seinem Gott und Vater intellektuell-begrifflich zu deuten, und zwar mit Kategorien aus der griechischen Physik und Metaphysik (griechisch *physis*, *ousia*, *hypostasis*; lateinisch *natura*, *substantia*, *persona*). Dies verwickelt die Theologie der griechischen Kirchenväter in kaum lösbare intellektuelle Probleme und spaltet schon früh zunächst die Theologen und dann die Kirche.

Paulus und alle christlichen Theologen der ersten drei Jahrhunderte hatten unmißverständlich am jüdischen Ein-Gott-Glauben festgehalten, indem sie Christus stets klar dem einzigen Gott und Vater unterordneten. Aber auf dem **ersten ökumenischen Konzil** 325 – von Konstantin (ohne den Bischof von Rom zu fragen) in seine Residenz nach **Nikaia** einberufen – wurde Christus mit Gott gleichgeordnet: Er sei *homo-ousios* = gleichen Wesens mit Gott, dem Vater. Eine Formel, mit der der Kaiser endlos scheinende Streitigkeiten, vor allem mit den Anhängern eines gewissen Arius, beseitigen wollte, die aber mehr Probleme schuf

Christus Pantokrator: Allherrscher anstelle Gottes.

Christentum

als löste. Letztlich erwies sie sich als verhängnisvoll. Juden-Christen, die sie auf dem Konzil zweifellos abgelehnt, wenn nicht verhindert hätten, sehen sich damit endgültig exkommuniziert. Juden und später Muslimen blieb sie unverständlich. Und auch zeitgenössische Christen haben damit unüberwindliche Probleme, ebenso wie mit dem später daraus entwickelten Trinitätsdogma vom einen Gott in drei Personen.

Gerade dieses im 4./5. Jahrhundert durchgesetzte **Trinitätsdogma** aber wird zur **Krönung der christlichen Staatsreligion**, die unter Kaiser Theodosios (379-395) bereits am Ende des 4. Jahrhunderts voll institutionalisiert dasteht: die katholische Kirche jetzt Staatskirche und die Häresie ein Staatsverbrechen. Die Folge war, daß nun aus der verfolgten Kirche nicht selten eine verfolgende Kirche wurde: Im Namen Jesu Christi, des Predigers der Gewaltlosigkeit und der Friedfertigkeit (oder auch im Namen der Trinität), wurden Andersgläubige, und zuerst die Juden, verfolgt, bald auch umgebracht, wurden unschätzbare Kulturgüter (Bücher!) und Kunstschätze zerstört.

Glauben wird jetzt nicht mehr wie im Neuen Testament in erster Linie als gläubiges Vertrauen auf Gott und seinen Christus verstanden. Glauben ist jetzt vor allem **Rechtgläubigkeit, »Orthodoxie«**: die Überzeugung von der »Richtigkeit« bestimmter Lehrsätze der Kirche über Gott, Christus und Heiligen Geist, wie sie von den **sieben ökumenischen Konzilien** formuliert und vom Staat sanktioniert wurden. Die beanspruchte »Orthodoxie« ist es, welche die byzantinische Kirche vom Urchristentum und schließlich auch von anderen Kirchen unterscheidet und zugleich ihr Eigenname wird.

Unterdessen war die westliche, jetzt lateinische Kirche unter den römischen Bischöfen eigene Wege gegangen und hatte versucht, den Primat des römischen Bischofs auch im Osten durchzusetzen. Dem widersteht die östliche Christenheit entschieden. Im 11. Jahrhundert kommt es nach einem langen Entfremdungsprozeß zur endgültigen Spaltung des selbstherrlich gewordenen Papstes von der byzantinischen Kirche: 1054 wird die römische Bannbulle vom Kardinal-Legaten auf dem Altar der Hagia Sophia hinterlegt. Der damalige Kaiser Konstantinos IX. Monomachos aber, auf jenem Mosaik der Hagia Sophia dargestellt, soll dem Großfürsten Wladimir von Kiew die Reichsinsignien übergeben haben – nach dem Untergang von Byzanz dann die legendäre Grundlage für die erst sehr viel später aufgekommene Theorie von Moskau als Drittem Rom.

Die Slawenwelt religiös-kulturell aufgespalten

Schon um die Jahrtausendwende war der im wesentlichen von Byzanz geleistete **Europäisierungs- und Christianisierungsprozeß der süd- und ostslawischen Völker** abgeschlossen. Die drei wichtigsten Entwicklungen seien knapp skizziert:

Es war der angesehene byzantinische Gelehrte und Missionar Konstantin, der zusammen mit seinem Bruder Methodios zu Recht »Apostel und Lehrmeister der Slawen« genannt wird: Konstantin, mit späterem Mönchsnamen Kyrill, erfand die erste slawische Schrift. Dieses altslawische (»glagolitische«) Alphabet, später vereinfacht als »kyrillische« Schrift, ist bis heute in Gebrauch. Weil die Brüder Methodios und Kyrill in ihrem Gottesdienst in Mähren und Pannonien nicht wie die Franken Latein oder die übrigen Byzantiner Griechisch, sondern Slawisch sprachen, machten sie ein slawisches Christentum möglich. Sie legten zuerst unter den **Südslawen** (den Bulgaren, später den Serben) die Grundlage für **eine byzantinisch-slawische Ökumene** (P II).

Anders das Schicksal der Ungarn, der **Westslawen** (Böhmen, Polen) und westlichen Südslawen (Kroaten, Slowenen): Aufgrund der alten Reichstrennung zwischen Ost- und Westrom orientierten sich diese nicht nach Byzanz, sondern nach Rom. So wurde die Slawenwelt **zwischen byzantinischer und römischer Kirche aufgeteilt**. Schon früh zeichneten sich hier zwei völlig verschiedene Paradigmen ab: einerseits das altkirchlich-hellenistische, andererseits das mittelalterliche römisch-katholische. Bereits im 9.Jahrhundert entschied sich mit dieser Zweiteilung das Geschick des späteren Süd-Slawien (»Jugo-Slawien«). Es folgten höchst unterschiedliche Entwicklungen: verschiedenes Alphabet, verschiedene Liturgie- und Literatursprache, verschiedene Kulturen, oft verschiedene Regime. Das allerjüngste Auseinanderbrechen Jugoslawiens in die alten religiös-kulturellen Einheiten hätte wohl nur durch die rechtzeitige öku-

Christentum

menische Zusammenarbeit der Kirchen und das entschiedene Eintreten der Politiker für eine föderative Lösung (etwa nach dem Vorbild der Confoederatio Helvetica) vermieden werden können.

Welthistorisch bedeutungsvoller sollten indessen die Stämme der **Ostslawen** werden, die ebenfalls das **byzantinische** Christentum (P II) übernahmen und das **Russische Reich** aufbauten: in einer ersten Phase in Kiew das Reich der Rus, von denen Russen, Ukrainer und Bjelorussen herstammen. Als Gründungsdatum des russischen Christentums gilt die Bekehrung des Großfürsten Wladimir und die Massentaufe im Dnjepr durch griechische Priester im Jahr 988. Dem Reich von Kiew sollte nach den zwei Jahrhunderten mongolischer Tatarenherrschaft in der zweiten Phase das Reich von Moskau und in der dritten Phase das Reich von St. Petersburg folgen.

Moskau – das Dritte Rom

Fast gleichzeitig war Byzanz von den türkischen Muslimen erobert (1453) und Rußland von der Tatarenherrschaft befreit (1448) worden. Nach Kiew wurde jetzt Moskau und hier der **Kreml** zum **geistlichen und weltlichen Zentrum des Russischen Reiches**, Sitz des Zaren und eines Metropoliten, später des Patriarchen.

Die Mariä-Entschlafungs-Kathedrale ist die **Hauptkirche des zaristischen Rußland**. Sie ist der gleichnamigen Kirche in Wladimir (zwischen dem Kiewer und dann Moskauer Reich kurz ein Machtzentrum der Rus) nachgebildet. Iwan III. (1462-1505), der Erbauer auch der Kremlmauer, ließ sie errichten. Er hatte den Neubau, nachdem alle russischen Baumeister sich vor dem Zorn des Zaren fürchteten, dem italienischen Architekten Fioravanti anvertraut, der die traditionelle byzantinische Bauform mit Elementen der italienischen Renaissance zu verbinden verstand. Doch auch dieser Baumeister, so ist überliefert, fällt nach Fertigstellung beim Großfürsten in Ungnade und stirbt 1486 in Moskau im Kerker. Seine Kirche aber wird das kaum je erreichte Vorbild für alle späteren osteuropäischen Kathedralbauten.

Dies ist der Ort, an dem jetzt die Zaren gekrönt, die Metropoliten und dann die Patriarchen gewählt und bestattet, aber auch wichtige staatliche Erlasse (*ukáz*) und Exkommunikationen verkündet werden. Der berühmteste Fall liegt gerade 100 Jahre zurück: 1901 wird hier Leo Tolstoj aus der Kirche ausgeschlossen. Ein Prunkstück ist der Betstuhl des Zaren, der Monomach-Thron. Nicht zufällig eingeschnitzt ist hier die Übergabe der byzantinischen Reichsinsignien durch Kaiser Konstantin IX. mit dem Beinamen Monomachos an den Kiewer Großfürsten Wladimir Monomach – jene Legitimationslegende für das Dritte Rom, das Byzanz (von den Russen »Zargrad«, »Kaiserstadt« genannt) ablöst.

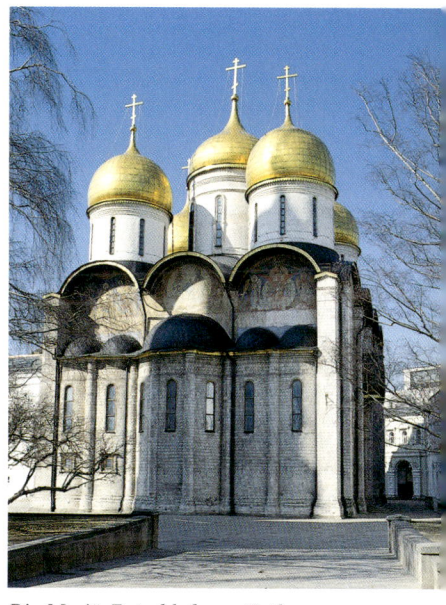

Die Mariä-Entschlafungs-Kathedrale: Hauptkirche des zaristischen Rußland.

Tausend Jahre schon besteht die **Kirche Rußlands**. Ganz und gar **byzantinisch** ist die Pracht, welche diese Kirche noch heute entfaltet: kostbare Brokatgewänder, reichverzierte Bischofskronen, duftende Weihrauchfässer und blumengeschmückte Kerzen in Hülle und Fülle; auch die Forderung des Barttragens für Priester und Mönche ist byzantinisch. Die slawische Liturgie- und Literatursprache haben die ostslawischen Stämme freilich von den Südslawen, den Bulgaren, übernommen, sonst aber alles von Byzanz, dem Zweiten Rom Kaiser Konstantins. Als die Russen unter dem Großfürsten Wladimir vor ihrer Taufe nach Byzanz kamen und dort den Gottesdienst des Hofes miterlebten, wußten sie nicht, ob sie sich »im Himmel befanden oder auf Erden, denn auf Erden gibt es keinen Anblick von solcher Schönheit«. So liest man in Rußlands ältester Chronik, aufgeschrieben vom Mönch Nestor im Kiewer Höhlenkloster am Anfang des 12. Jahrhunderts.

Christentum

Heute erstrahlen Moskaus Kirchen – hier die Erlöserkirche – wieder in altem Glanz.

Fast ein halbes Jahrtausend (988-1448) war Rußland eine Kirchenprovinz des Patriarchats Konstantinopel. Nicht nur die altkirchlichen Normen der Glaubensregel, des Schriftkanons und des Bischofsamtes, sondern die ganze russische Kirchenorganisation ist byzantinisch geprägt samt Dogma, Liturgie, Theologie, Disziplin und Frömmigkeit, auch wenn viele Formen und Normen der russischen Eigenart angepaßt wurden. Mit anderen Worten: Die russische Kirche ist Teil des **byzantinischen Paradigmas von Christentum** (P II), und bedingt durch die welthistorische Rolle Rußlands läßt sich hier das Schicksal dieses Paradigmas von Christentum anschaulich machen.

Unterwerfung der Kirche unter den Staat

Nach der Eroberung Konstantinopels durch die türkischen Muslime – nach 1100 Jahren hatte das Werk Konstantins sein trauriges Ende gefunden – war die russische Kirche **»auto-kephal«** geworden: Sie beanspruchte, ihr »eigenes Haupt« zu wählen. Andererseits verstärkte sich im Lauf der Zeit die schon mit dem byzantinischen Modell der harmonischen »Symphonia« von Staat und Kirche faktisch gegebene Unterwerfung der Kirche unter den Staat! Die Staatsgewalt schützt und beherrscht die Kirche, und die Kirche rechtfertigt und stützt die Staatsgewalt (»Cäsaropapismus«). Eine Rivalität wie die im lateinischen Westen zwischen Kaiser und Papst konnte daher im Osten nicht aufkommen.

Insofern täuschen in der Mariä-Entschlafungs-Kathedrale die auf gleicher Höhe stehenden Throne eine Gleichrangigkeit von Zar und Patriarch nur vor. In Wirklichkeit wird die **Kirche mehr und mehr Teil des Staates**. Eine Abhängigkeit, die in der Neuzeit unter Peter dem Großen, der das Patriarchat durch eine zunächst fortschrittliche staatliche Behörde (»Heiliger Synod«) ersetzt, im Zeichen von Aufklärung und Modernisierung vollständig und definitiv werden sollte. Doch schon Iwan III. ließ sich als »Autokrator« (»Selbstherrscher«) Rußlands anreden und im Verkehr mit ausländischen Mächten »Zar« (Kaiser) von Moskau und ganz Rußland nennen. Er war ja auch verheiratet mit der geflohenen Nichte des bei der Eroberung Konstantinopels durch die Türken am 29. Mai 1453 mit dem Schwert in der Hand gefallenen letzten byzantinischen Kaisers. Das stützte Selbstbewußtsein und Anspruch gewaltig.

So tritt Moskau das Erbe Konstantinopels an; seit 1589 ist denn auch der Metropolitensitz von Moskau durch Zar Boris Godunow endlich Patriarchat, allerdings das letzte in der Rangfolge der fünf östlichen Patriarchate. Erst jetzt kommt die **Ideologie eines Dritten Roms** auf: Moskau versteht sich, nachdem das Erste Rom häretisch geworden und das Zweite Rom gefallen ist, als das neue Zentrum der Orthodoxie und die Orthodoxie als letzten Hort der wahrhaft rechtgläubigen Christenheit: die Russen ein auserwähltes Volk und ihr Zar der einzig rechtgläubige Herrscher. Alles Russische gilt jetzt als orthodox und alles Fremde als der Häresie verdächtig.

Umstrittene Kirche

Im Kreml wurde der großartige Gottesdienst der Zarenzeit nach dem Zusammenbruch des Kommunismus in seiner ganzen byzantinischen Pracht wiederhergestellt. Im Lichterglanz wie kaum zuvor erstrahlt jetzt das Innere der Kreml-Kathedrale, schon früh vollständig ausgemalt mit vielen Dutzenden prächtiger Fresken aus dem Leben Mariens und Jesu. Auf den Säulen sind 135 Märtyrer des orthodoxen Christentums abgebildet – der ganze Stolz der Orthodoxie.

Aber viele Russen haben noch keineswegs vergessen, daß die orthodoxe Kirche zusammen mit Adel, Armee und Polizei **Garantin und Stütze des zaristischen Regimes** war und daß sich deshalb die **Revolution von 1917** gegen Staat **und** Kirche richtete. Diese hatte ihr Patriarchat zurückerhalten, wandte sich aber in der Person des Patriarchen Tichon gegen die Revolution. Nach Lenins verändertem Marx-Wort war Religion in der Tat nicht nur »Opium des Volkes«, sondern absichtlich verabreichtes »Opium für das Volk«, das von den Bolschewiken mit allen Mitteln bekämpft werden sollte.

Doch von seiten der Kirche wird mit Recht geantwortet, daß aus Lenins Revolution unter Stalin ein brutales mörderisches **Terrorregime** wurde: Tausende von Geistlichen verhaftet und deportiert. Tausende von Gotteshäusern verwüstet oder geschlossen. Millionen von Menschen, gläubige wie ungläubige, in den »Archipel Gulag« geschickt ...

Aber nach fast 70 Jahren Unterdrückung kam auch für die Kirche 1989 die Wende, und es zeigte sich: Trotz heftiger Verfolgung war die Religion entgegen Feuerbach-Marxscher Prophezeiung nicht abgestorben, sondern am Leben geblieben. Das kann man nicht nur in der Kreml-Kathedrale, sondern in jeder russischen Pfarrkirche erleben.

Orthodoxes Osterfest

Es sind vor allem die liturgischen Feste, die von alters her dem russischen Volk viel bedeutet haben und noch heute viel bedeuten. An allererster Stelle das **Osterfest**, das ranghöchste Fest der gesamten Christenheit

Osterbrote werden gesegnet.

überhaupt. Aufgrund des einst von Julius Cäsar eingeführten und in der russischen Kirche noch immer gültigen Julianischen Kalenders wird es meist an einem anderen Sonntag als in der Westkirche gefeiert, wo der 1582 verbesserte Gregorianische Kalender (Papst Gregors XIII.) gilt.

Selbst zur Zeit der kommunistischen Unterdrückung fanden sich Tausende und Abertausende in und vor den wenigen offenen Kirchen schweigend ein. Heutzutage aber darf überall wieder laut und fröhlich gefeiert werden. Zahllose Moskauer tun es denn auch und lassen, wie etwa vor der Nikolaij-Kirche, Osterbrote segnen, die sie für die Familienfeier mit nach Hause nehmen. Auch sich selber lassen sie gern mit Weihwasser besprengen.

Das Fest der Auferstehung des Herrn ist ganz und gar ein Fest der Kerzen, des Lichtes und der Freude. In früheren Zeiten konnte man in dieser Nacht die vielen tausend Glocken von Moskaus vierzig mal vierzig Kirchen hören. In und nach der Revolution waren sie verstummt. Aber »auferstanden« aus jahrzehntelangem Schweigen erklingen heute viele von ihnen wieder neu.

Es ist im Osten weniger der Gekreuzigte, es ist der **Auferweckte**, der ganz und gar im Zentrum der Liturgie steht. Er ist das große Zeichen der Hoffnung auf ewiges Leben. Ausgedrückt wird diese Hoffnung mit dem

Die prächtige Osterliturgie aus der Zarenzeit wird heute wieder in der Kreml-Kathedrale gefeiert.

Zuruf des Priesters an jeden einzelnen, »Christus ist auferstanden!«, und freudig antworten die Gläubigen, »Ja, er ist wirklich auferstanden«. Die Liturgie endet schließlich mit dem Friedenskuß der Priester und mit dem Empfang der eucharistischen Gaben. Das Brot, eingetaucht in den Wein, wird mit einem Löffel gereicht.

Bilderkult und Mönchtum

Ganz und gar charakteristisch für die Orthodoxie ist die **Verehrung der Ikonen**. Waren die »konstantinischen« Basiliken und die Mosaikkunst noch West- und Ostkirche gemeinsam, so sind die religiösen Bilder oder Ikonen (griechisch eikon – »Bild«) eine spezifisch östliche Entwicklung. Zuerst waren es nur Bilder der frommen Erinnerung, die das Gebet verstärken sollten. Aber schon im 6./7. Jahrhundert wurden daraus Bilder zur kultischen Verehrung. Manche glauben, diese Bilder würden die Hilfe der abgebildeten biblischen Gestalten oder alten Heiligen vermitteln.

Eine Frömmigkeitsbewegung des Volkes war es, nicht beliebt bei Hierarchie und Kaiser, aber unterstützt von den **Mönchen**. Ebenfalls eine für die östliche Orthodoxie charakteristische Sonderentwicklung. Denn im Osten verstehen sich die Mönche als Wahrer der rechten Lehre, als Seelenführer des Volkes, ja geradezu als innerer Kern der Kirche, der Autorität der Patriarchen und der Bischöfe weithin entzogen. In der Tat standen sie in der Kirche an der Stelle der Intellektuellen und haben noch heute sowohl die Bischofssitze und das Patriarchat wie die Lehrstühle inne. Die Studenten müssen sich deshalb noch vor der Priesterweihe entscheiden, ob sie unverheiratet bleiben und eine höhere Laufbahn anstreben oder aber verheiratete Weltgeistliche ohne Aussicht auf bischöfliche Weihen werden wollen.

Unter dem Einfluß der Mönche bürgerte sich ein, was in den ersten Jahrhunderten unter Christen als Götzendienst streng verpönt war: Vor Bildern werden brennende Kerzen oder Lampen aufgestellt und Weihrauch geopfert. Ja, die Bilder werden geküßt, gewaschen, gekleidet und durch Kniebeugen verehrt. Dies gelte, so die orthodoxe Erklärung, ohne allen Aberglauben dem Urbild. Aber viele glauben an die geistliche Kraft der Ikonen selbst, die von Mönchen hergestellt, vertrieben und betreut werden. Nicht umsonst schreibt man bestimmten Bildern »Wunder« zu.

Die Folge war ein heftiger, über 100 Jahre dauernder **Bilderstreit** in der byzantinischen Kirche. Sollen von Menschen gemachte Bilder wirklich Gottes Gnade vermitteln können? Die bilder-zerbrechende (ikono-klastische) Bewegung, wiewohl lange von den Kaisern und ihren Armeen favorisiert, unterliegt schließlich doch der Macht der Mönche und der Sehnsucht des Volkes nach Anschauung und Hilfe, Gnade und Wundern. Die Theologie rechtfertigt mit großem Aufwand die Darstellung des Göttlichen gegen das biblische Bilderverbot durch den Hinweis auf die »Inkarnation« Gottes in Christus. Auf einer Synode von Konstantinopel 843 wird endgültig zugunsten der Bilder entschieden. Und jedes Jahr wird dieses Ereignis bis heute am ersten Fastensonntag mit dem »Fest der Orthodoxie« gefeiert.

Man darf bei alldem nicht vergessen: Unter der 200jährigen Herrschaft der **Tataren**, der Nachkommen des Mongolen Dschingis Khan, war es vor allem die orthodoxe Kirche, die in dieser Zeit des in Teilfürstentümer zerfallenen Reiches, des wirtschaftlichen Niedergangs und kulturellen Verfalls das Bewußtsein der nationalen Einheit wachhielt. Seither ist die eine rechtgläubige Kirche das Symbol des einen Rußland gegenüber den Tataren, den Nicht-Christen, den Nicht-Russen. Seither bedeutet »Russisch-Sein« auch »Orthodox-Sein«.

Und was immer man nun kritisch über das Mönchtum sagen muß: Ein Mönch wie **Sergij** von Radonesh, der am meisten verehrte Mönchheilige Rußlands, Gründer des Dreifaltigkeitsklosters von Sergijew Possad (Sagorsk), Vorbild für rund 180 weitere Klöster, verkörpert die **ideale russischer Frömmigkeit**, wie sie bis in Dostojewskis *Brüder Karamasow* mit der sympathischen Figur des »Staretz«, des charismatischen »Alten« als dem geistigen Führer, weiterleben: Einfachheit, Demut, Mitleid, soziales und nationales Engagement. Die Welt der Bilder, Mönche und Klöster

Die Verehrung der Ikonen – eine von den Mönchen unterstützte Frömmigkeitsbewegung.

bildet eine Gegenwirklichkeit heiliger Werte zur zweiten Kultur, zu einer Subkultur, die auch nach Auffassung heutiger russischer Theologen unter der byzantinisch-christlichen Kultur lebendig geblieben ist: eine »Nacht-Kultur« aus alten slawisch-heidnischen oder tatarischen Elementen.

So leben denn bewußt-unbewußt viele Gläubige in Osteuropa, Geistliche noch mehr als Laien, bis heute geistig-religiös noch ganz im Rahmen des altkirchlichen hellenistisch-slawischen Paradigmas (P II). Ihre Liturgie hat sich ja auch kaum verändert, ihre Theologie erst recht nicht. Dies verleiht den orthodoxen Kirchen einen stark traditionalistisch-monastischen und andererseits auch wieder sehr religiös-festlichen Charakter. Wie immer: Nie hätte ich mir träumen lassen, daß ich, als ich 1971 die zentrale Kathedrale Rußlands als Museum besuchte, hier einmal den Ostergottesdienst des Patriarchen von Moskau und ganz Rußland miterleben dürfte.

Gefährdungen und Hoffnungen der Orthodoxie

Ich kann meine Sympathie zur orthodoxen Kirche nicht verheimlichen. Sie ist in vielem dem **Urchristentum** näher: Sie hat nicht diese zentralistische Leitung wie meine eigene Kirche, sie läßt zumindest ihre Priester (nicht die Bischöfe!) heiraten. Sie läßt auch den Gläubigen das Abendmahl unter beiden Gestalten, Brot und Wein, geben. Und sie hat durchgehalten unter allen politischen Systemen, sogar die letzte Verfolgung 70 Jahre unter dem kommunistischen Regime mit Tausenden von Märtyrern. Das liegt vor allem an ihrer großartigen Liturgie, ihren Gesängen. Das alles ergreift ja auch einen Menschen aus dem Westen.

Allerdings kann man auch nicht übersehen: Die Distanz zum Urchristentum ist riesengroß. Der durchschnittliche Gläubige hat Schwierigkeiten, in dieser Hofliturgie das Abendmahl Jesu wiederzuerkennen. Und die Verbindung mit dem Staat ist auch nicht gerade urchristlich.

Aber das alles ist eine Herausforderung für die orthodoxe

Kirche heute, die Kraft ihrer Liturgie zu benutzen, um auch mehr die Verkündigung zur Sprache zu bringen: die Botschaft selber, die Predigt, auch den Unterricht der Kinder in den Schulen. Das alles ist eine große Herausforderung für die orthodoxe Kirche. Und ich meine auch die Verbindung, ja, die Wiederversöhnung mit der lateinischen Kirche des Westens, mit der sie immerhin über 1000 Jahre verbunden war. Dieses Schisma von über 900 Jahren aufzuheben ist eine große Aufgabe des nächsten Jahrhunderts. Und da allerdings ist vor allem und in erster Linie Rom gefordert.

Roms Ehrenprimat in der alten Kirche

Auch die katholische Geschichtsschreibung gibt heute zu: Von **Petrus** in Rom liest man im ganzen Neuen Testament nichts, und von einem »Nachfolger« speziell des Petrus ist auch nicht einmal andeutungsweise die Rede. Einen **Bischof von Rom** kennen weder das Neue Testament noch die ältesten nach-neutestamentlichen Quellen. Weder der Brief des Apostels Paulus nach Rom noch das älteste Schreiben der römischen Gemeinde nach Korinth erwähnen einen solchen Bischof. Undenkbar, wenn es tatsächlich einen solchen gegeben hätte. Ein monarchischer Episkopat ist in Rom erst spät, etwa ab der Mitte des 2. Jahrhunderts, nachzuweisen.

Freilich bestreitet heute auch protestantische Forschung nicht mehr: Die ebenso alte wie große und wohlhabende Kirche der Reichshauptstadt reklamierte für sich schon immer unbestritten die **Gräber der beiden Hauptapostel Petrus und Paulus**, die am Anfang stets zusammen verehrt wurden. Die römische Kirche hatte sich sowohl durch karitative Tätigkeit wie durch ihren Kampf gegen die Gnosis als Hüterin der apostolischen Tradition eine hohe moralische Autorität erworben. Seit dem Untergang Jerusalems behielt die Kirche der alten Reichshauptstadt selbst gegenüber dem mächtigen Byzanz unbestritten den Ehrenprimat. Aber die Kirche Roms mit ihren vielen Hauskirchen und alten großartigen Basiliken wie etwa Santa Sabina war noch keine autoritär-zentralistische Institution. Typisch römisch war freilich schon immer die Betonung von Recht und Ordnung, Organisationstalent und Sinn für realistische Politik.

In Rom blieb man sich durchaus bewußt, daß die Kirche dem Judentum entstammt: In Santa Sabina – auf einem der ältesten römischen Mosaiken – findet sich die symbolische Darstellung der **Kirche aus Juden**. Doch diese wurde mit der Zeit verdrängt durch die **Kirche aus Heiden** zunächst **hellenistischer** Prägung. Anstelle des oströmisch-griechischen Paradigmas (Paradigma II) setzt sich jedoch in Rom mit der Zeit eine **lateinische** Theologie, Kirchendisziplin und Liturgie durch: das spezifisch **römisch-katholische Paradigma** (Paradigma III). Anstelle des lange auch in Rom – in Bildung, Handel, Verkehr, Kirche und Kultur – vorherrschenden Griechisch wurde zwischen 360 und 382 allgemein und definitiv die Sprache des Volkes, das Latein, im Gottesdienst eingeführt. Noch ohne alle Kuppeln, ganz auf Altar und Bischofssitz ausgerichtet, waren nach der Konstantinischen Wende neue Basiliken gebaut worden: Es waren

Der Konstantinsbogen: Wahrzeichen römischen Herrschaftsbewußtseins.

Christentum

nicht mehr weltliche Begegnungs- und Versammlungsräume, sondern Orte des Gottesdienstes. Die urchristliche Dankesfeier entwickelt sich dabei zum Meß-Opfer, das nun immer mehr verfeierlicht wird. Was einst der schlichte Mahltisch war, wird jetzt zum Opferaltar.

Die **Heraufkunft eines neuen Paradigmas** in dem seit dem Ende des 4. Jahrhunderts vom römischen Ostreich getrennten **Westreich** hatte sich schon lange angekündigt:

– **Theologisch**: Die westlich-lateinische Christenheit erscheint noch am Ende des 4. Jahrhunderts geistig als ein Anhang zur führenden oströmisch-griechischen Christenheit; die ökumenischen Konzilien, einberufen vom Kaiser in Konstantinopel allein, finden allesamt im Osten statt mit nur geringer Beteiligung des Westens. Aber zur gleichen Zeit initiiert der geniale **Nordafrikaner Augustinus** bereits jenes westlich-lateinische Paradigma von Theologie, welches das ganze lateinische Mittelalter grundlegend bestimmen sollte. Einflußreich wird vor allem seine monumentale Geschichtstheologie von der Auseinandersetzung zwischen Gottesstaat und Weltstaat.

– **Politisch**: Das weströmische Kaisertum geht mitten in der Völkerwanderung 476 mit der Absetzung des letzten Kaisers unter. Aber schon zwei Jahrzehnte später erfolgt die Taufe des Barbarenfürsten Chlodwig, König der Franken. Eine Entwicklung wird hier eingeleitet, die im Jahr 800 zur Krönung **Karls des Großen** zu einem Kaiser von Gottes und des Papstes Gnaden führt, der aber in der Kirche des Westens eine ähnliche Machtstellung in Anspruch nimmt wie die byzantinischen Kaiser im Osten. Damit ist zur Empörung von Byzanz ein weströmisches Konkurrenz-Imperium zu Ostrom begründet, dem die islamischen Armeen ohnehin bereits die Ursprungsgebiete des Christentums, die östlichen und südlichen Mittelmeerländer, abgenommen hatten.

Das Papsttum setzt sich durch

Aber entscheidend: Seit der Verlegung der Reichsregierung nach Konstantinopel nutzen die **römischen Bischöfe** das Machtvakuum im Westen aus. **Immer mehr Macht** (*potestas*) schreiben sie sich zu, in der Kirche zuerst, später bedingt durch die Völkerwanderungswirren auch im Staat. Von Dienst an Kirche und Staat ist nur mehr formal die Rede.

Zunächst hatte Rom kaum Rechtsansprüche mit Berufung auf Petrus erhoben. Die für die heutigen römischen Bischöfe so kapitale Stelle aus dem Mattäusevangelium: »Du bist **Petrus**, und auf diesem **Felsen** werde ich meine Kirche bauen« (16,18f), die jetzt mit zwei Meter hohen schwarzen Lettern auf goldenem Grund die Kuppel der Petersbasilika ziert, kommt in der ganzen christlichen Literatur der ersten Jahrhunderte kein einziges Mal in vollem Wortlaut vor. Erst in der Mitte des dritten Jahrhunderts beruft sich erstmals ein römischer Bischof (Stephan) im Streit mit anderen Kirchen auf den Vorrang Petri. Und erst lange nach der Konstantinischen Wende wird das Fels-Zitat zur Stützung eines römischen Primat-Anspruches gebraucht. Aber gerade diese Anwendung hat der gesamte christliche Orient so wenig wie etwa Augustinus mitvollzogen. Denn hier überall denkt man beim »Felsen« bis heute an den Christusglauben des Petrus, welcher das Fundament der Kirche ist. Von einer rechtlich gesicherten Autorität des Petrus über die Gesamtkirche und erst recht vom Rechtsprimat eines römischen Nachfolgers Petri wußte man selbst in Rom lange nichts und will man im ganzen Osten begreiflicherweise bis heute nichts wissen.

Erst in nachkonstantinischer Zeit, seit der zweiten Hälfte des 4. Jahrhunderts, haben die römischen Bischöfe energisch versucht, immer mehr eine monarchische Kirchenstruktur auch

Alljährlich im Petersdom am Petrusfest: Petrus als erster Papst.

Christentum

praktisch durchzusetzen. Aber noch auf dem ersten ökumenischen Konzil von **Nikaia 325** genießt **Rom** zwar wie die anderen alten großen Bischofssitze Alexandrien, Antiochien und Jerusalem Vorrechte, übt jedoch keinerlei Primat über die Gesamtkirche aus. Auch die bedeutendsten Bischöfe und Theologen der Westkirche, Ambrosius und Augustinus, kennen einen solchen nicht.

Auf dem zweitwichtigsten ökumenischen Konzil, in **Chalkedon 451,** erringt der römische Bischof **Leo der Große** durch Legaten mit seiner christologischen Formel von Christus als einer Person in zwei Naturen einen großen Erfolg. Aber niemand denkt auch hier daran, Rom eine Vorrangstellung über die anderen Kirchen einzuräumen. Im Gegenteil: Gerade Leo, der bereits von einer von Christus dem römischen Bischof angeblich geschenkten *plenitudo potestatis* (»Fülle der Macht«) träumt und sich deshalb den Titel des heidnischen römischen Oberpriesters »Pontifex maximus« zulegt, muß erfahren: Dasselbe Konzil hat ohne die geringsten Hemmungen in seinem berühmten Kanon 28 dem Sitz von Neu-Rom (Konstantinopel) denselben Ehrenprimat zuerkannt wie der alten Reichshauptstadt. Leos nachfolgender scharfer Protest gegen diese Aufwertung des Zweiten Roms verhallt völlig. Immerhin wird er als erster der römischen Bischöfe in der konstantinischen Peterskirche begraben. Und man wird sich in Rom künftig für die eigenen Ansprüche mit Vorliebe gerade auf ihn berufen, dem aufgrund seiner Primatstheorie und -praxis der Titel »Papst« im eigentlichen Sinn zukommt.

Doch welche **Anmaßung**, so empfand und empfindet man in der östlichen Orthodoxie, daß sich da ein einzelner Bischof in der Kirche die ganz persönliche Verantwortung und Vollmacht des Apostels Petrus zuzuschreiben versucht. Völlig inakzeptabel erscheint vor allem, daß aus der apostolischen Vollmacht des Petrus – durch eine geschickte Kombination von theologischen und juristischen Argumenten – alle möglichen rechtlichen Konsequenzen für einen **absoluten Herrschaftsanspruch** abgeleitet werden sollten. Der nie nachlassende römische Machtwille scheut denn auch in der Folge nicht vor der Übernahme massivster **Fälschungen** zurück. Man denke an die »Konstantinische Schenkung« (Konstantin habe vor seiner Abreise in den Osten dem römischen Bischof eine kaiserähnliche

Stellung und den Primat über alle Kirchen verliehen). Man denke an die symmachianischen Fälschungen (»Der erste Stuhl wird von niemandem gerichtet«) und vor allem die pseudoisidorischen, schon die alte Kirche sei bis in alle Einzelheiten durch Dekrete der Päpste regiert worden. Diese in der Weltgeschichte einzigartig dastehenden Manipulationen sind keineswegs eine Kuriosität »von damals«, sondern ein Machtfaktor bis heute. Im 1982 revidierten Codex des katholischen Kirchenrechts werden sie zwar verschleiert, sind aber im dort noch einmal zementierten päpstlichen Absolutismus durchaus wirksam.

Die Spaltung zwischen Ost- und Westkirche

Bis heute stellt der römische Jurisdiktionsprimat (nicht nur Ehrenprimat als rangerstes Patriarchat) bekanntlich die große ungelöste Frage zwischen Ost- und Westkirche dar. Darüber ist bis heute noch nie auf einem ökumenischen Konzil zwischen Ost und West diskutiert, geschweige denn entschieden worden. Dabei trägt die **neue römische Primatstheorie und -praxis** ohne allen Zweifel die **Hauptschuld an der Spaltung zwischen Ost- und Westkirche**. Selbst im Westen konnte das von den Päpsten theologisch-politisch-juristisch initiierte römisch-katholische Paradigma nur mit vielen Rückschlägen und Stagnationen auch praktisch verwirklicht werden. Papstabsetzungen (durch byzantinische oder deutsche Kaiser) und Papstprozesse und -verurteilungen waren früher zahlreich. Bis ins 11. Jahrhundert gilt Rom nicht als eigentliche Lehrautorität im juristischen Sinn und hält man päpstliche Entscheidungen erst recht nicht für unfehlbar. Wie es häretische Kaiser gab (im Bilderstreit), so auch häretische Päpste (berühmtester Fall Honorius I. im 7. Jahrhundert, von mehreren Konzilien als Ketzer verurteilt).

Doch das im 10. Jahrhundert (*saeculum obscurum*) moralisch völlig heruntergekommene Papsttum war von den deutschen Kaisern durch eine Reihe von ihnen ernannter, zumeist deutschstämmiger Päpste reformiert worden. So gestärkt, wandte es sich im **11. Jahrhundert** gegen seine kaiserlichen Protektoren und glaubte sich zugleich eine neue Kraftprobe mit Byzanz leisten zu können. In Alt-Rom wird jetzt ganz im Sinne der

Fälschungen immer mehr die ganze Kirche von der Vollmacht des Papstes abgeleitet.

Und kein Zufall: Derselbe Kardinal Humbert von Silva Candida, der zum erstenmal die absolute Herrschaft des Papstes in der Kirche und seine Überordnung auch über jede weltliche Gewalt begründete, ist eben auch jener päpstliche Legat, der 1054 in Konstantinopel in der Hagia Sophia die verhängnisvolle **Exkommunikation des orthodoxen Patriarchen** samt der ganzen Ostkirche hinterlegt. Sie gilt als der definitive Bruch zwischen Ost- und Westkirche. Besiegelt wird dieser durch den unseligen 4. Kreuzzug (1204), die Eroberung und Plünderung Konstantinopels durch die Lateiner und Einsetzung eines »lateinischen« Kaisertums und Patriarchats! Humbert hatte sich seinerzeit dazu verstiegen, das Verhältnis von Kirche und Papst schlicht als das von Tür und Angel, Familie und Mutter, Gebäude und Fundament, Strom und Quelle zu beschreiben. Damals noch reine Theorie, aber bald auch römische Praxis.

Eine revolutionäre neue Kirchenverfassung

Der Apostel Paulus, der Petrus einst ins Angesicht widerstand, hatte unterdessen entschieden an Bedeutung verloren gegenüber Petrus, der allein für sämtliche päpstlichen Machtansprüche herhalten muß. Dreifache Papstkrone, »Fischerring«, Pontifikalgewand – sie sind jetzt die päpstlichen Insignien: Damit wird noch heute am Petrusfest im Petersdom die Petrusstatue ausgestattet. Aus dem Nachfolger des galiläischen Fischers ist im Lauf der Jahrhunderte der Herr der Kirche geworden, der Urbi et Orbi, der Stadt und dem Erdkreis, zu gebieten beliebt.

Wenn ein Papst wie Johannes Paul II. an Berninis Confessio über dem Petrusgrab steht, so ist er das Sinnbild jener **absolutistisch-monarchischen Kirchenkonzeption**, die im ersten Jahrtausend unbekannt war. Erst im 11. Jahrhundert unter dem Regime des eisernen **Gregor VII.** (1073-85; vorher war er Kollege jenes Kardinal Humbert) hat sie sich im Westen durchgesetzt mit einer revolutionär neuen Kirchenverfassung, »Gregorianische Reform« genannt: die ganze Kirche ausgerichtet auf den Papst, der Vollmacht habe, das Evangelium für jedermann in Lehre und Praxis verbindlich zu interpretieren. Nicht nur Nachfolger Petri will er sein, sondern Stellvertreter Christi, ja Gottes selber.

So vollendet sich der **Paradigmenwechsel** – weg vom kollegialen ökumenischen Paradigma der alten Kirche (P II)– hin zum ausgesprochen **römisch-katholischen Paradigma** des Mittelalters (P III). Mit Hilfe all der Fälschungen wird ein Kirchenbild und Kirchenrecht suggeriert und propagiert, das ganz auf die päpstliche Autorität zentriert ist: die Abhaltung von Konzilien sei an die Autorität des Papstes gebunden, alle wichtigen Angelegenheiten in der Kirche unterstünden dem Urteil des Papstes, widersprechende Staatsgesetze seien nichtig, die Bischöfe seien ganz vom Papst abhängig – dies alles steht in den gefälschten Dekretalen und ihren späteren offiziellen Bestätigungen.

Das römische System

Die katholische Kirche – ein neues Imperium Romanum. Ein Ausdruck dafür bis heute: die **Verleihung des Pallium** am Petrusfest an die neuernannten Erzbischöfe aus aller Welt. Das Pallium – Zeichen erzbischöflicher Amtsgewalt. Der Papst persönlich hat sich die Verleihung vorbehalten. So kontrolliert und herrscht er auch hier. Denn nur mit dem Pallium darf ein Erzbischof seine Metropolitanrechte ausüben. Dieses erhält er

Christentum

erst, wenn er (wie alle Bischöfe der Welt) zuvor öffentlich in der Liturgie – wiewohl Jesus selber das Schwören verboten hat – einen persönlichen Gehorsamseid auf den Papst abgelegt hat, und zwar folgenden Wortlauts: »Ich ..., Erzbischof von ... werde immer treu und gehorsam sein dem Seligen Apostel Petrus, der Heiligen, Apostolischen Kirche von Rom und Dir, Summus Pontifex, und Deinen legitimen Nachfolgern. So helfe mir Gott der Allmächtige.« Kein Wunder, daß selbst zuvor kritische Theologieprofessoren nach solch feierlicher Vereidigung dem Papst gegenüber einen ähnlich kritiklosen Gehorsam leisten wie weiland die auf den »Führer« vereidigten deutschen Generäle. So funktioniert ein System ziemlich reibungslos...

Man sollte indes keinesfalls das Kind mit dem Bad ausschütten und mit dem **römischen System** auch die **katholische Kirche** verwerfen. Keine Frage, für diese war Rom durch all die Jahrhunderte auch ein Faktor der Kontinuität: der Kontinuität des christlichen Glaubens, des Ritus und des Ethos. Man sollte es nicht bestreiten: Die christliche Glaubenssubstanz wurde im Prinzip auch in Rom bewahrt: dasselbe Evangelium, derselbe Eingangsritus (Taufe), derselbe Gemeinschaftsritus (Eucharistie), dasselbe Ethos (der Nächstenliebe).

Doch ebenso deutlich muß die Kritik am römischen System formuliert werden: Die **Unterschiede zwischen dem alten und dem neuen Paradigma** sind eklatant! Ist das altkirchliche ökumenische Paradigma grundlegend sakramental, kollegial und konziliar verfaßt, so ist das neue mittelalterliche römisch-katholische Paradigma primär juristisch, monarchisch und absolutistisch:
– nicht mehr das Verfassungsschema der alten und der heutigen orthodoxen Kirche (P II): Gott – Christus – Apostel – Bischöfe – Kirche;
– sondern das neue Verfassungsschema der mittelalterlichen Kirche (P III): Gott – Christus – **Petrus – Papst** – Bischöfe – Kirche.
Erst seit dem Hochmittelalter ist die katholische Kirche so, wie sie uns heute erscheint:
– Der Papst beansprucht den **Rechtsprimat über die gesamte Kirche**, über alle Patriarchen, Bischöfe, Priester und jeden Gläubigen: was von den Ostkirchen bis heute abgelehnt wird.

Der Papst an Berninis Confessio über dem Petrusgrab: Sinnbild einer absolutistisch-monarchischen Kirchenkonzeption.

Christentum

– Die geistliche Gewalt ist **den Laien grundsätzlich übergeordnet**: was zum großen Streit zwischen Papst und Kaiser und dann zwischen Papst und modernem Staat führte, ein Streit, den das Papsttum auf ganzer Linie verliert.

– Das **Heiratsverbot** ist jetzt **Gesetz für den gesamten Klerus**: was der jahrtausendalten Tradition der Priesterehe auch in der Westkirche widerspricht und dieser zahllose unnötige Probleme, gegenwärtig vor allem einen katastrophalen Priestermangel, beschert.

Bis zum Zweiten Vatikanischen Konzil (1962-65) bleibt die westliche Kirche im wesentlichen so, wie sie sich im Hochmittelalter herausgebildet hat. Ja, manche Rom-fixierten Katholiken bleiben bis heute diesem mittelalterlichen Paradigma verhaftet. Dabei steht dieses **römische System eindeutig im Widerspruch zum Evangelium**. Denn die Kirche des Neuen Testaments ist

– nicht **zentralisiert**: Die Ecclesia Romana aber gibt sich als »Mutter« mit dem Papst als »Vater«;

– nicht **juridisiert**: Der Papst aber will zugleich Exekutive, Legislative und Judikative sein, gestützt vom selbstfabrizierten Kirchenrecht, das zur Auslegung geradezu eine Kirchenrechtswissenschaft erfordert;

– nicht **politisiert**: Die römische Kirche jedoch präsentiert sich gegenüber der staatlichen Macht als eigenständige Herrschaftsinstitution mit völkerrechtlichem Status, diplomatischem Dienst und Sonderrechten;

– nicht **klerikalisiert**: Eine patriarchale Hierarchie und ein vom Volk abgehobener Klerikerstand zölibatärer Männer dominiert eindeutig die Laienschaft;

– nicht **militarisiert**: Eine Kirche der Militanz manifestierte sich durch die Jahrhunderte in »heiligen« Bekehrungskriegen, Ketzerkriegen, Kreuzzügen (selbst gegen Mitchristen) und Religionskriegen, auch in Judenverfolgungen, Häretiker- und Hexenverbrennungen, und bis heute in Inquisition und gnadenloser Verfolgung von »Abweichlern« (statt physischer heute psychologische Verbrennung) sowie weltweiten Kampagnen im Kampf für eine mittelalterliche Sexualmoral ...

Johannes XXIII. und das Zweite Vatikanische Konzil, das 1962-65 in der Peterskirche tagte (ich nahm als Theologe daran teil), hat versucht, die katholische Kirche wieder mehr nach dem Evangelium auszurichten, die altkirchliche Kollegialität von Papst und Bischöfen wieder zur Geltung zu bringen und die wegen des päpstlichen Absolutismus zerbrochene Einheit der Kirche Christi wiederherzustellen. Mit bescheidenem Erfolg, denn die überfällige Reform des Papsttums und der römischen Kurie durfte nicht einmal diskutiert werden und beschränkte sich in der Folge auf »kosmetische« Änderungen. Zwar nehmen seither Vertreter der östlichen Orthodoxie sogar an der Papstliturgie teil, aber eben ohne Abendmahlsgemeinschaft. Denn es bleibt dabei: Bis heute ist der ungeheure römische Machtanspruch der große blockierende Fels auf dem Weg zur Einheit zwischen Ost- und Westkirche. Dies gab vor drei Jahrzehnten auch Papst Paul VI. zu. Ob wir vielleicht doch noch den freiwilligen Machtverzicht eines Papstes im Geist der Bergpredigt erleben werden? Oder ob man dafür auf ein drittes Vatikanisches Konzil oder ein zweites Konzil in Jerusalem wird warten müssen?

Papsttum reformierbar?

Ich habe sieben Jahre in dieser Stadt studiert und kenne Rom sozusagen von innen. Bei aller Kritik am Papsttum bleibe ich davon überzeugt, daß ein **seelsorgerlicher Dienst an der Gesamtkirche nach dem Vorbild des Apostels Petrus sinnvoll** ist, wenn er selbstlos im Geist des Evangeliums ausgeübt wird. Man kann auch nicht bestreiten, daß das Papsttum gewaltige Verdienste erworben hat um Zusammenhalt, Einheit und Freiheit zumindest der westlichen Kirchen. Und im Vergleich mit dem eher losen Kirchenverbund der östlichen Kirchen hat sich das römische System oft als effizienter erwiesen. Bis heute kann der Papst, wo immer er glaubwürdig ist, der ganzen Welt als moralische Instanz ins Gewissen reden.

Aber auch viele Katholiken kritisieren den römischen Machtanspruch: daß sich das **römische System** immer weiter wegentwickelt hat von ursprünglicher christlicher Botschaft und

Kirchenordnung. Seit dem Hochmittelalter sind die **negativen Seiten** offenbar. Seit dieser Zeit beklagt man:
- das **autoritär-unfehlbare Gebaren** in Dogma und Moral;
- die **Bevormundung** von Laien, Klerus, Ortskirchen bis in kleinste Kleinigkeiten hinein;
- überhaupt das ganze versteinerte absolutistische **Machtsystem**, das sich mehr an den römischen Caesaren orientiert als an Petrus, dem bescheidenen Fischer aus Galiläa.

Diese Klagen sind schon über 500 Jahre alt. Sie führten damals zum welthistorischen Konflikt zwischen dem Papst und einem jungen deutschen Mönch. 1510 hatte dieser auf Dienstreise nach Rom im Augustiner-Eremiten-Kloster bei Santa Maria del Popolo gewohnt: Martin Luther.

Martin Luther – der Reformator

Die **Krise des römisch-katholischen Paradigmas** hatte sich schon lange angekündigt. Durch seine Zerstörung des universalen Kaisertums hat sich das universale Papsttum selbst geschwächt und den Aufstieg der Nationalstaaten gefördert, vor allem den Frankreichs. Und der Umschlag von päpstlicher Weltmacht in päpstliche Ohnmacht erfolgt überraschend schnell: das Exil der Päpste im südfranzösischen Avignon währte fast das ganze 14. Jahrhundert hindurch; zuerst zwei, dann drei Päpste gleichzeitig! Schließlich das **Reformkonzil von Konstanz** zu Beginn des 15. Jahrhunderts: Sosehr dieses einzige ökumenische Konzil nördlich der Alpen gegenüber dem böhmischen Jan Hus versagte, sosehr hat es doch die altkirchliche Tradition aufgenommen, insofern es die Oberhoheit des Konzils über den Papst definierte und darüber hinaus regelmäßige Konzilien forderte ... Doch schon damals lernte man in Rom aus diesem Reformkonzil nichts: Die konziliaren Beschlüsse wurden unterlaufen, so daß unter dem sittenlosen **Renaissance-Papsttum** – von der Kunst abgesehen – eine beispiellose Dekadenz von Kirche, Klerus, Theologie und Seelsorge um sich griff.

Gerade der **Neubau der Peterskirche** war es, der schließlich den welthistorischen Konflikt ausgelöst hatte: Wie ihren Bau finanzieren ohne Ablässe, ohne Geld für Sündennachlaß? Römische Kurie und deutsche Bischöfe und Bankiers kollaborierten bei der Ausbeutung der Gläubigen. In dieser abgrundtiefen Krise des mittelalterlichen Christentums – genau 100 Jahre nach dem erfolglosen Konstanzer Reformkonzil – wird in Deutschland jener kleine unbekannte Mönch 1517 zu einer epochalen prophetischen Gestalt. Mit ungeheurer Sprachgewalt und Wirkkraft entwickelt er in wenigen Jahren ein neues **reformatorisches, evangelisches Paradigma** von Christentum (Paradigma IV). Ein Programm, das er selber kraftvoll verkörpert: der deutsche Professor der Bibelwissenschaft **Martin Luther** (1483-1546).

Die **Ablösung des alten Paradigmas** (P III) erfolgt so rasch und dramatisch wie bisher noch nie: Martin Luther veröffentlicht in Wittenberg seine **95 Thesen gegen den Ablaß** (daß sie an das Nordportal der Schloßkirche – die originale Holztür ist ohnehin verbrannt – angeschlagen wurden, ist umstritten). In Rom wird ein Ketzerprozeß eröffnet. Luther verweigert den Widerruf. Rom droht ihm den Kirchenbann an, fordert die Verbrennung seiner Schriften. Luther appelliert an ein allgemeines Konzil. Der päpstliche Nuntius läßt im flandrischen Löwen Luthers Schriften verbrennen. Luther antwortet in Wittenberg mit der **Verbren-**

Christentum

nung von Bannbulle und päpstlichem Kirchenrecht. Kaiser Karl V. beordert den Mönch und Professor vor den Reichstag zu Worms. Am 18. April 1521 verteidigt er sich hier und schließt mit den folgenden Sätzen:

»Wenn ich nicht durch Zeugnisse der Schrift oder einen einleuchtenden Vernunftgrund überzeugt werde – denn weder dem Papst noch den Konzilien allein glaube ich, da es feststeht, daß sie häufig geirrt und sich selbst widersprochen haben –, so bleibe ich an die von mir angeführten Schriftworte gebunden. Und solange mein Gewissen gefangen ist von den Worten Gottes, kann und will ich nicht widerrufen, da gegen das Gewissen zu handeln weder sicher noch lauter ist. Gott helfe mir. Amen.«

Rückkehr zum Evangelium

Um was geht es Luther? Ihm geht es schlicht und einfach um die **Rückkehr der Kirche zum Evangelium Jesu Christi**, wie er es in der Heiligen Schrift und besonders bei Paulus lebendig erfahren hatte. Neu übersetzt er deshalb die Bibel ins Deutsche, damit der eine Herr der Kirche, seine Botschaft und sein Geschick, für die Menschen wieder verständlich wird. Konkret heißt das:

– Zahllos waren damals die kirchlichen Traditionen, Gesetze, Autoritäten: Für Luther gilt als grundlegendes und bleibend verbindliches Kriterium des Christseins **»allein die Schrift«**.

– Zahllos die Heiligen und amtlichen Mittler zu Gott: Für Luther ist Mittler und Mitte der Schrift **»allein Christus«**, der Gekreuzigte.

Der predigende Luther auf einem Altarbild Cranachs in der Stadtkirche von Wittenberg.

Eine neue Form von Kirche – bis heute von Rom nicht voll anerkannt.

– Zahllos für die Gläubigen all die kirchlich verordneten frommen Vorleistungen und Anstrengungen des Menschen (»Werke«) zur Erlangung des Seelenheils: Für Luther gilt nach Paulus der Primat der Gnade und des Glaubens. Gerechtfertigt wird der Mensch nicht durch Werke, sondern **»allein durch Gnade«**, die wir nicht verdienen, sondern **»allein durch Glauben«**, durch ein unbedingtes Vertrauen des Menschen auf Gott und seinen Christus.

So etabliert sich rasch eine neue Form von Christentum – gegen den heftigen Widerstand Roms. Ja, **eine »neue« Form von Kirche** bildet sich, wie es jeder evangelische Gottesdienst zeigt. Nicht mehr wie im Mittelalter ist alles fixiert auf die Hierarchie und ihren Prunk, vielmehr bilden die Pfarrer zusammen mit den Gottesdienstteilnehmern die Gemeinschaft der Glaubenden. Eine Gemeinde, die **gemeinsam betet**, die Psalmen besonders: »Der Herr ist mein Licht und mein Heil, vor wem sollte ich mich fürchten? Der Herr ist meines Lebens Zuflucht, vor wem sollte ich erschrecken?« (Ps 27) Und eine Gemeinde, die **gemeinsam singt**: Das Kirchenlied hat die Reformation in Deutschland rasch populär gemacht.

Aufs Ganze gesehen eine neue **Freiheit des Christenmenschen**: Diese Botschaft soll bis heute den Menschen und besonders den Jugendlichen Standfestigkeit im Leben geben. »Zur Freiheit hat uns Christus befreit! So steht nun fest und laßt euch nicht wieder das Joch der Knechtschaft auflegen!« (Gal 5,1) Besonders gern wird dieses Paulus-Wort bei dem Ritus zitiert, der seit Luther für die reformatorische Kirche charakteristisch ist: beim Ritus der **Konfirmation**, der Bestärkung im Glauben. Junge Christinnen und Christen sollen in aller Form in die Gemeinde aufgenommen werden. Nachdem sie das Glaubensbekenntnis abgelegt haben, werden sie unter Gebet und Handauflegung zu erwachsenen Gemeindegliedern mit allen Rechten und Pflichten. Erst jetzt sind sie auch zum **Abendmahl** zugelassen.

Natürlich fragt sich heute jeder evangelische Pfarrer, wie viele denn von denen, die zu mündigen Christen erklärt werden, auch in Zukunft aktiv am Gemeindegottesdienst teilnehmen werden. Und am Abendmahl. Ein wunder Punkt in den evangelischen Kirchen von allem Anfang an. Gerade wegen des Abendmahls ist es schon zu Luthers Zeiten im reformatorischen Lager zur ersten großen Spaltung gekommen.

Spaltung der Westkirche

Historisch steht heute fest: Rom (und nicht Luther) trägt die Hauptverantwortung dafür, daß aus dem theologischen Streit um den rechten Heilsweg und die praktische Besinnung auf das Evangelium sehr rasch ein grundsätzlicher Streit um die Autorität in der Kirche und die Unfehlbarkeit von Papst und Konzilien wurde. Ein am Evangelium orientierter, vermittelnder, inspirierender Pastoral- oder Dienstprimat des Papstes im Interesse der Einheit der Kirche wäre auch für Luther zunächst akzeptabel gewesen; manche seiner Einseitigkeiten und Übertreibungen hätten in verständigem Dialog korrigiert werden können.

Doch in Rom – und im deutschen Episkopat – konnte und wollte man damals diesen Ruf zur Buße und Umkehr, Besinnung und Reform nicht hören. Was hätte man da alles ändern müssen? Die ganze Theologie hätte neu orientiert, die ganze Kirche neu strukturiert werden müssen. Ein **Paradigmenwechsel par excellence** wäre fällig gewesen, eine Veränderung der Gesamtkonstellation: ein neues Verständnis von Gott und Mensch, von Kirche und Sakramenten, die Abschaffung des Ablasses, Einführung der Volkssprache in die Liturgie, Aufhebung des Zölibatsgesetzes und so vieles mehr.

Aber dazu war Rom und Deutschlands Episkopat weder willens noch fähig. Rom vermochte Luther zu exkommunizieren, aber die radikale Neugestaltung des kirchlichen Lebens nach dem Evangelium und die fortschreitende Reformationsbewegung aufhalten konnte man nicht. So war denn das **neue reformatorische Paradigma von Theologie und Kirche** bald solide **etabliert**. Der Preis freilich: Zur großen **Kirchenspaltung** zwischen Ost und West kommt im Westen die nicht kleinere **zwischen Nord und Süd** hinzu. Ein welthistorischer Vorgang allerersten Ranges mit unabsehbaren Auswirkungen auf Staat und Gesellschaft, Wirtschaft, Wissenschaft und Kunst, mit Auswirkungen bald auch auf die Weltlage: Lateinamerika wird katholisch (P III) und Nordamerika protestantisch (P IV)!

Was mit Luther so gut begonnen schien, zeitigte schließlich doch recht **zwiespältige Ergebnisse**. Das reformatorische Programm war einleuchtend, aber seine Verwirklichung zweifelhaft. Denn:

1. Luther hatte Geister gerufen, die er nur gewaltsam wieder loswurde. Es kam zu einem Durchbruch des **Schwärmertums**, insbesondere

Die Einheit im reformatorischen Lager – hier deren Vertreter auf einem Bild Cranachs – zerbrach an der Abendmahlsfrage.

Christentum

der Täuferbewegung, die Luther rasch zur Errichtung einer zweiten Front zwang. Diese Gegner zur Linken ließen ihn konservativ erscheinen, und seine Parteinahme in den Bauernkriegen – gegen die ausgebeuteten Bauern, für Fürsten und Adel – als reaktionär.

2. Die **Einheit im reformatorischen Lager** selber konnte **nicht bewahrt werden**. Das unterschiedliche Abendmahlsverständnis war es, das Luther mit seinem radikaleren schweizerischen Gesinnungsgenossen **Ulrich Zwingli** (Zürich) endgültig entzweite. Sieger auf Weltebene wurde **Jean Calvin** (Genf), der in dieser Frage eine mittlere Position und als großer Inspirator und Organisator eines internationalen Netzwerkes den Protestantismus zu einer Weltmacht werden ließ. Das »reformierte« Christentum als die konsequente Reformation wird auch politisch aktiv: durch die Hugenotten in Frankreich, die Calvinisten in den Niederlanden und die Puritaner in England. Calvins presbyterial-synodale Kirchenverfassung wird dann indirekt von Bedeutung werden für die Entwicklung der modernen Demokratie.

3. Die Reformation stieß nicht nur auf wachsenden **politischen Widerstand**, auch die ursprüngliche **reformatorische Begeisterung** verpuffte bald: Die vielen, die für die »Freiheit eines Christenmenschen« nicht reif waren, verloren mit dem Zusammenbruch des römischen Systems auch den kirchlichen Halt.

4. Das **Ideal der freien christlichen Kirche**, wie es Luther in seinen Programmschriften von 1520 begeisternd seinen Zeitgenossen vor Augen gemalt hatte, ist im deutschen Reich **nicht verwirklicht** worden. Die aus der »Gefangenschaft Babylons«, das heißt Roms, befreiten lutherischen Kirchen gerieten rasch in eine oft nicht weniger drückende Abhängigkeit von den weltlichen Landesfürsten und städtischen Magistraten. Die Reformation bereitete in Deutschland nicht der Moderne und der Religionsfreiheit den Weg, sondern begünstigte zunächst den Obrigkeitsstaat und den fürstlichen Absolutismus.

In **England**, wo eine Zeitlang die **moderat reformierte anglikanische Staatskirche** durch eine puritanisch-presbyteriale Kirche (unter Oliver Cromwell) abgelöst erschien, bleibt man aufs Ganze gesehen beim eingeschlagenen »dritten Weg«. Diese Via media versucht das mittelalterlich-katholische (P III) und das reformatorisch-protestantische Paradigma (P IV) zu integrieren.

Doch gerade in England zeigen sich schließlich neue protestantische Alternativen: jene **Freikirchen**, die in freiwilliger Mitgliedschaft gründen, jegliches Staatskirchentum und jegliche Staatsfinanzierung verwerfen (deshalb die »Independenten«) und die mit der Religionsfreiheit die Autonomie der »Kongregation« oder der Einzelgemeinde etablieren. Diesen »Kongregationalisten« – zusammen mit den Täufern (Baptisten) und später den (aufgeklärten) Methodisten – sollte in den **Vereinigten Staaten von Amerika** die Zukunft gehören. Dort fanden auch schon früh die verschiedensten Nonkonformisten des europäischen Kontinents eine neue Heimat – im Zeichen der religiösen Freiheit.

Doch ob lutherisch, reformiert, anglikanisch oder freikirchlich: Alle Kirchen der Reformation gewähren den Laien das, was ihnen von Rom bis hin zum Zweiten Vatikanischen Konzil konstant verweigert wurde: die **Kelchkommunion**.

Zwiespältige Ergebnisse der Reformation

Martin Luther hatte im Grunde **recht**: Der sündige Mensch wird **gerecht vor Gott allein durch Gottes Gnade** aufgrund des vertrauenden **Glaubens** und nicht aufgrund eigener frommer Leistungen. Schon vor 40 Jahren habe ich als katholischer Theologe in Rom über diese Frage, zu Luthers Zeiten Anlaß und Kern der Kirchenspaltung, eine Doktorarbeit geschrieben, die einen **grundlegenden Konsens** zwischen den beiden Lehren feststellt und die damals die Zustimmung des vielleicht bedeutendsten protestantischen Theologen unseres Jahrhunderts, Karl Barth, und vieler anderer gefunden hat (»Rechtfertigung« 1957!).

Erst heute liegt eine »**Gemeinsame Erklärung zur Rechtfertigungslehre**« vor, die von Rom und vom Lutherischen Weltbund gemeinsam veröffentlicht wurde (1997!) und die damaligen gegenseitigen Lehrverurteilungen als überholt erklärt. Natürlich läge in ihrer Konsequenz eine Anerkennung der evangelischen Kirche als Kirche Jesu Christi, die Anerkennung der Gültigkeit ihrer Ämter und eine Wiederherstellung der Abendmahlsgemeinschaft. Das hoffe ich noch zu erleben.

Denn die Zeit des Konfessionalismus ist vorbei:
– Die **katholische Kirche** hat seit dem Vatikanum II eine ganze Reihe der Anliegen Martin Luthers verwirklicht: Hochschätzung der Bibel, Volkssprache im Gottesdienst, Laienbeteiligung, Dezentralisierung. Sie bedürfte allerdings gerade zur Erledigung des Zölibatsgesetzes noch mehr der **evangelischen Konzentration**: der Orientierung an der ursprünglichen christlichen Botschaft.
– Umgekehrt aber bedürften die **evangelischen Kirchen** noch mehr der **katholischen Weite**: Provinzialismus allzuviel, immer größere Aufsplitterung in Sekten, statt des einen Papstes viele kleine Päpste ...

Wir müssen doch heute sehen: Die **große Herausforderung** für beide Kirchen ist die erst 200 Jahre später heraufgekommene **Aufklärung** und **Moderne**, die ja nun nicht in Wittenberg grundgelegt wurde. Aber auch nicht in Rom. Sondern in Frankreich, England, Holland. Und vor allem in den Vereinigten Staaten von Amerika.

Christentum konfrontiert mit den Revolutionen der Moderne

Wer immer dieses kupferne monumentale Standbild der Liberty auf Liberty Island am Hafeneingang von New York sieht, sollte wissen: Dieses 1886 aufgestellte Werk des aus dem Elsaß stammenden F.-A. Bartholdi wurde den USA von Frankreich geschenkt – in dankbarer Erinnerung an das Bündnis mit Frankreich während des amerikanischen Unabhängigkeitskriegs. Die Tafel der linken Hand der Statue trägt denn auch das Datum der Unabhängigkeitserklärung: 4. Juli 1776. Vor der Kulisse von

Freiheit – zentraler Leitwert der Moderne.

Manhattan ein imposantes Zeichen der **Freiheit** für Millionen von Menschen und ein Zeichen des Dankes für das, **was die Französische Revolution von 1789 der Amerikanischen Revolution von 1776 verdankt**: *Liberty Enlightening the World*!

Das für uns heute wichtigste Ergebnis der Französischen Revolution ist die **Erklärung der Menschenrechte**. Zusammen mit anderen hat sie der Amerikakämpfer General Lafayette unter Mitwirkung des amerikanischen Gesandten Thomas Jefferson nach amerikanischem Vorbild in Paris vorbereitet. Am 26. August 1789 wird sie vom Revolutionsparlament verabschiedet. **Freiheit** ist darin der zentrale Begriff, das wirkungsreichste der drei revolutionären Losungsworte *liberté, egalité, fraternité*. Den individuellen Freiheitsrechten (des Gewissens, Meinungsäußerung) sollen die politischen (Volkssouveränität, freie Wahlen, Gewaltentrennung) und das ökonomische (Unverletzlichkeit des Eigentums) entsprechen. Doch ist dieses Dokument keine »bürgerliche« Erklärung zur Maskierung des Besitzegoismus, es ist vielmehr die **große Charta der modernen Demokratie**. Es kommt zu einer Entwicklung, welche die Kirche überrollt. Die Päpste verurteilen denn auch »die verabscheuungswürdige Philosophie der Menschenrechte« (Papst Pius VI.). Ein unübersehbares Signal dafür, daß der Marsch der offiziellen katholischen Kirche ins kulturelle Getto

Christentum

begonnen hat. Nach den Naturwissenschaftlern und Intellektuellen kehren nun immer mehr Menschen auch aus dem Bürgertum und der Arbeiterschaft der katholischen Kirche den Rücken.

Die Neuzeit, die **Moderne** im strengen Sinn (Paradigma V), hatte freilich schon anderthalb Jahrhunderte vor der Französischen Revolution begonnen: mit einem neuen Glauben an die **Vernunft** des Menschen, die jetzt zur **Schiedsrichterin über alle Fragen der Wahrheit** wird. Alle traditionellen Autoritäten – ob Aristoteles oder die Scholastik, ob Papst oder Bibel – geraten von daher in die Krise: eine Legitimationskrise. Diese rationale Moderne kündigt sich schon im 17. Jahrhundert an. Große Namen stehen hier für große Programme:

– **René Descartes**: Er ist der Vater der neuen **rationalistischen Philosophie** und leitet eine »kopernikanische Wende« des Denkens ein. Die gesamte Wirklichkeit wird jetzt vom menschlichen Subjekt her konstruiert.
– **Galileo Galilei**: Er ist der Vorkämpfer der neuen **empirisch-mathematischen Naturwissenschaft**. Diese ist Voraussetzung für die bald einsetzende und im 19. Jahrhundert ihren ersten Höhepunkt erreichende **Technologie** und **Industrialisierung**.
– **Kardinal Richelieu**: Er ist der Patron und virtuose Praktiker eines neuen **säkularen Staats- und Politikverständnisses**. Staat und Politik sind nicht mehr von konfessionellen oder auch nur religiös-moralischen Gesichtspunkten her bestimmt, sondern als praktische Interessenpolitik zu verstehen. Der Staat ist das natürliche Produkt eines Vertrags zwischen Volk und Regierung und deshalb autonom gegenüber der Kirche.

Die Revolution der modernen Philosophie, Naturwissenschaft, Technologie und Industrie vollendet sich in der demokratischen Revolution von Staat und Gesellschaft. Und was bedeutet diese moderne Entwicklung für das Christentum?

Christentum in der Defensive

Das Christentum sowohl römisch-katholischer (P III) wie reformatorischer (P IV) Provenienz war schon früh in die Defensive geraten. Für das **Paradigma der Moderne** (P V) gilt:

– Statt der historisch gewordenen christlichen Offenbarung insistiert man nun auf der ursprünglich gegebenen **natürlichen Religion**.
– Statt Religion als Konfession propagiert man nun die **Toleranz** gegenüber allen Konfessionen und auch Religionen.
– Statt des Rufs nach Reformation ertönt nun der Ruf nach **Aufklärung**.
– Statt der Freiheit eines Christenmenschen die Freiheit des Menschen überhaupt: die **Religions- und Gewissensfreiheit**, zugleich Versammlungs-, Rede- und Pressefreiheit.

Die Kirchen aber verharren vielfach in ihrer mittelalterlichen oder reformatorischen Gotik. Allzusehr auf ihre große Vergangenheit fixiert, **verweigern sie sich dem neuen epochalen Paradigmenwechsel**. Das

St. Patrick's Cathedral in New York, eingezwängt zwischen Wolkenkratzern: Christentum in der Defensive.

Schlüsselwort des römisch-katholischen Paradigmas war »Papst und Kirche« und das des reformatorischen Paradigmas »Gottes Wort«. Die Parolen der Moderne aber sind »Vernunft«, »Fortschritt«, »Nation«.

Im katholisch-reaktionären **Frankreich**, wo die Religion durch das absolutistische Ancien Régime total diskreditiert war, hatte die Aufklärung mit der Revolution 1789 eine scharfe monarchie- und kirchenfeindliche Wende genommen: »Die Priester an die Laterne!« In den freien **Vereinigten Staaten von Amerika** bleibt sie im Prinzip religionsfreundlich. Trennung von Kirche und Staat gewiß, aber im Zeichen der Religionsfreiheit des einzelnen und der Gesellschaft. Eine nationale Staatskirche lehnt man von vornherein ab; zu viele Einwanderer und deren Nachkommen sind religiöse Dissenter. Allgemein herrscht die Überzeugung, daß das **friedliche Zusammenleben der Glaubensgemeinschaften in Toleranz** zu garantieren sei. Die Regierung solle jeder Religion wohlwollend gegenüberstehen und die freie Religionsausübung nicht behindern. Es kommt nicht wie in Frankreich zum totalen Bruch mit der Vergangenheit, sondern zur Etablierung einer modernen liberalen **Demokratie**, wie sie sich dann auch im Westeuropa des 19. Jahrhunderts allmählich durchsetzt.

Immer mehr treten nun **globale Gesichtspunkte** in den Vordergrund: Zunächst unbemerkt wird die eurozentrische Konstellation abgelöst durch eine polyzentrische verschiedener Weltregionen. Und je weiter sich der

Zweigesichtigkeit der Moderne in New Yorks Wall Street.

Welthorizont geographisch, kulturell, geistig ausdehnt, um so mehr zeigt sich die Relativität des europäisch geprägten Christentums.

Aber je weiter die Moderne fortschreitet, um so mehr zeigt sich auch ihre eigene Relativität: Zu viel Negatives ist im Namen Gottes, zu viel Negatives aber auch im Namen von Vernunft, Fortschritt und Nation geschehen.

Moderne in der Krise

Es ist nicht zu übersehen: Der moderne Glaube an Fortschritt, Vernunft und Nation erscheint heute vielen Menschen im Zwielicht. In der New Yorker Wall Street wird die **Zweigesichtigkeit der Moderne** vielleicht deutlicher als anderswo:
– Immer mehr Menschen heute sind Nutznießer von moderner Freiheit und Wohlstand. Aber immer mehr Menschen vermissen den entsprechenden **Fortschritt in Sachen Moral und Ethos.**
– Immer mehr Menschen finden sich eingebunden in ein global operierendes Finanz- und Wirtschaftssystem. Aber immer mehr fordern eine bessere **Verteilungsgerechtigkeit** und Sorge für die von der Globalisierung Benachteiligten.
– Immer mehr Menschen haben Teil an den Früchten einer hocheffizienten Großtechnologie. Aber immer mehr wünschen sich ein gleiches Maß zu ihrer Kontrolle, wünschen statt Rationalisierung mehr **Humanisierung.**
– Immer mehr Menschen bejahen die auch außerhalb Europas und Nordamerikas sich langsam durchsetzende Demokratie. Aber immer mehr sehen noch keinen Frieden und noch keine **neue Weltordnung.** Wahrhaftig, immer höher die Türme in den Himmel und immer weniger Himmel auf Erden.

Im Übergang zu einer neuen Weltepoche

Was sich schon 1918 abzeichnete und nach 1945 durchbrach, ist 1989 ins allgemeine Bewußtsein getreten: Unsere Welt befindet sich im Übergang in eine neue Epoche, in ein **nach-modernes Paradigma** (Paradigma VI). Dieses hat noch keinen Namen, kann aber negativ umschrieben werden als:

– nach-kolonialistisch und nach-imperialistisch: das Modell wahrhaft vereinter Nationen;

– nach-kapitalistisch und nach-sozialistisch: das Modell einer öko-sozialen Marktwirtschaft;

– nach-ideologisch und nach-konfessionell: das Modell einer multikulturell-multireligiösen ökumenischen Weltgemeinschaft. Eine Illusion? Das hängt von uns ab.

Was soll das **Christentum** in diese neue Weltkonstellation einbringen? Drei Imperative drängen sich auf:

– Statt die Moderne zu verurteilen, ihren **humanen Gehalt bejahen**: kein Traditionalismus oder Fundamentalismus, keine Subkultur in den Kulturen, ob katholischer, orthodoxer oder protestantischer Provenienz!

Die Weltorganisation der Vereinten Nationen: sie steht im neuen Jahrtausend vor immensen Aufgaben.

– Doch zugleich die inhumanen Engführungen und **destruktiven Auswirkungen** der Moderne **bekämpfen**: kein Ultramodernismus oder Postmodernismus (Beliebigkeitspluralismus), keine modernistischen Konzessionen und kein Ausverkauf der religiösen Substanz!

– Und so Moderne und Antimoderne übersteigen durch das **Aufzeigen neuer Hoffnungsdimensionen**:

kosmisch: statt Herrschaft Partnerschaft des Menschen mit der Natur;
anthropologisch: statt Patriarchat Gleichrangigkeit von Mann und Frau;
sozial: statt Antagonismus zwischen Arm und Reich Verteilungsgerechtigkeit;
religiös: statt vormoderner Religiosität und moderner Areligiosität eine neue Offenheit für die allererste-allerletzte geistige Wirklichkeit, die wir in der jüdisch-christlich-islamischen Tradition mit dem viel mißbrauchten Namen Gott bezeichnen.

Die neue Weltkonstellation erfordert eine **neue Weltordnung** (»new world order«), die nicht ohne die Unterstützung der Religionen von den Nationen heraufgeführt werden kann. Die Weltorganisation der **Vereinten Nationen** – häufig kritisiert und noch häufiger ignoriert und im Stich gelassen – steht diesbezüglich im neuen Jahrtausend vor immensen Aufgaben:

– Die rasante Globalisierung von Wirtschaft und Technologie und Medien verlangt nach globaler Steuerung durch eine globale Politik.

– Eine globale Politik aber bedarf der Fundierung durch ein globales Ethos, ein Weltethos, das von den Menschen aller Kulturen und Religionen, von Glaubenden und Nicht-Glaubenden getragen und gelebt werden kann.

Die Hoffnungsvision

Es gibt Leute, die glauben, ein Zusammenprall der Kulturen, etwa der muslimischen und der westlichen, sei unvermeidbar. Eine solche Sicht ist oberflächlich und übersieht das Gemeinsame zwischen den Kulturen. Allerdings muß die Menschheit eine große Anstrengung unternehmen, wenn sie einen solchen Zusammenprall vermeiden will. Seit den achtziger Jahren werbe ich für das Programm: **»Kein Weltfriede ohne Religionsfriede«**. Und 1992 (und wieder 1994 sowie 1999) durfte ich hier im Hauptquartier der Vereinten Nationen zu dieser Thematik sprechen und habe viel Zustimmung gefunden.

Denn gerade hier weiß man: Die **Religionen** haben ein immenses **Konfliktpotential**, das von manchen Religiösen und Unreligiösen ausgenutzt wird. Aber die Religionen haben auch ein nicht geringeres **Friedenspotential**, das sich ebenfalls ausgewirkt hat. Denn es waren ja gerade religiös motivierte Männer und Frauen, die ohne Gewalt und ohne Blutvergießen sich für eine Änderung, eine radikale Veränderung in ihren Ländern eingesetzt haben: in Polen, in Ostdeutschland, in Südafrika, in Zentral- und Südamerika, auf den Philippinen ...

Fazit: Ein Zusammenprall der Kulturen und Religionen **muß** vermieden werden. Er **kann** auch vermieden werden, **wenn** sich genügend Menschen, Männer und Frauen, und vor allem Politiker und Religionsführer, dafür einsetzen. Und das ist meine realistische Hoffnungsvision:

Kein Überleben der Menschheit ohne Frieden zwischen den Nationen. Aber keinen Frieden unter den Nationen ohne Frieden unter den Religionen. Und keinen Frieden unter den Religionen ohne Dialog zwischen den Religionen.

Um der Kinder willen

Nein, wir haben die Hoffnung nicht aufgegeben. Die Völker der Erde dürfen die Hoffnung nicht aufgeben, schon um der Kinder, **um der kommenden Generationen willen**. Und gerade die Kinder, die einmal selber die Zukunft gestalten sollen, könnten das brauchen, was vor 2000 Jahren der Nazarener verkündigt, vorgelebt hat: Toleranz, Verständnis, Güte, Hilfs-

Vor dem UN-Gebäude: Symbol für unsere gefährdete Welt.

bereitschaft, Teilen, Vergeben, Liebe. Auch nach 2000 Jahren wahrhaftig keine überholten Ideale!

Der Globus ist bedroht, von innen heraus. Er könnte auseinanderbrechen. Aber der Globus kann auch wieder heil werden, friedlicher, menschlicher: wo immer Menschen, statt sich zu bedrohen und bekämpfen, miteinander reden, sich gegenseitig tolerieren und respektieren.

Für Nationen, Gruppen, den einzelnen ist aktueller denn je die **Goldene Regel**, von Jesus nicht nur negativ, sondern positiv formuliert: »Was du willst, das man dir tut, das tue auch den anderen!« Eine Grundorientierung für den ganzen langen Lebensweg.

Gewalt ist heute in jeder Gesellschaft ein Problem. Aber das Wort des großen jüdischen Propheten Jesaja »Schwerter zu Pflugscharen schmieden« (Jes 2,4) wird heute in allen Nationen und Religionen verstanden.

Schon junge Menschen sollten lernen, daß Gewalt kein Mittel der Auseinandersetzung sein darf. Nur so entsteht langsam
- eine Kultur der **Gewaltlosigkeit und der Ehrfurcht vor allem Leben**;
- eine Kultur der **Partnerschaft von Mann und Frau**;
- eine Kultur der **Solidarität und Gerechtigkeit**;
- eine Kultur der **Toleranz und Wahrhaftigkeit**.

Kriege aber vor allem sind inhuman, Kriege müssen mit allen Mitteln verhindert werden. Hat doch der Nazarener gesagt: »Selig die Friedensstifter, denn sie werden Kinder Gottes heißen.« (Mt 5,9)

Islam

Muslime in Marseille

Das Wahrzeichen der berühmtesten Hafenstadt Frankreichs, die der französischen Nationalhymne den Namen gegeben hat: Notre Dame de la Garde! Zahllose Seeleute sind hierher zur Madonna gepilgert, um für die Errettung aus Seenot zu danken.

Marseille: Schon 600 vor Christus von den Griechen gegründet, seit römischer Zeit die größte Handelsstadt am westlichen Mittelmeer, seit mehr als 1600 Jahren Sitz eines Bischofs. Eine Blüte erlebte das mittelalterliche Marseille in der Kreuzzugszeit.

Notre Dame de la Garde: Viele Menschen aus der ganzen Stadt und aus aller Welt haben an diesem Wallfahrtsort um Hilfe gefleht, um Beistand gebeten in all den mannigfachen Stürmen des Lebens. Zahllos die Bilder, zahllos die Sorgen. Gibt es doch Situationen, in denen der Mensch sich nicht mehr selber zu helfen weiß. Daran hat sich nichts geändert.

Aber – man täusche sich nicht: Weder hier in Marseille noch überhaupt in Frankreich ist die Kirche die große geistige Orientierungsinstanz für die Gesellschaft. Vieles ist Relikt der Vergangenheit. In neuerer Zeit hat die katholische Kirche auf dem Markt der Heilslehren das Monopol verloren. Frankreich ist mehr säkularisiert als die meisten anderen Länder Europas. Die Zahl der praktizierenden Katholiken ist auf wenige Prozent abgesunken, oft nicht wesentlich höher als die der ansässigen Muslime, die hier mit rund 4,5 Prozent den höchsten Bevölkerungsanteil in Europa aufweisen. Über drei Millionen Muslime gibt es in Frankreich. Doch auch in Deutschland und Großbritannien sind es bald je drei Millionen. In Europa bilden die Muslime inzwischen die größte Religionsgemeinschaft nach den Christen. Und dieser Trend hält an.

Ruf zum Gebet: Muezzin, Minarett, Moschee

In allen drei abrahamischen Religionen (Judentum – Christentum – Islam) spielt das **Gebet** eine zentrale Rolle. Des Muslim Pflicht (*fard*) aber ist es, fünfmal täglich zu bestimmten Zeiten das Ritualgebet (*salat*) zu verrichten. Öffentlich wird er dazu aufgefordert vom Gebetsrufer, dem **Muezzin**, hoch vom Moscheeturm, dem **Minarett**: am Morgen, Mittag, Nachmittag, bei Sonnenuntergang und am Abend. Heutzutage geschieht die Ankündigung aber sehr oft durch Tonband und Lautsprecher, und

Bescheiden und unauffällig im Hafenviertel von Marseille: die Moschee Islah.

dies bisweilen in lautstarkem Wettbewerb, bei dem vergessen wird, was im Koran selber als Weisung steht: »Wie ihr ihn auch nennt, ihm stehen die schönsten Namen zu. Und mach deine salat nicht zu laut, aber auch nicht zu leise! Schlag vielmehr einen Mittelweg ein!« (Sure 17,110)

Die **Moschee** (*masjid* – »Ort, wo man sich niederwirft«, »Anbetungsort«) ist nicht nur Stätte für den Gebetsgottesdienst und das persönliche Gebet, sondern auch Ort für Versammlungen, Verhandlungen und Gericht, sowie ein Platz für theologischen Unterricht und Studium. Zu ihrer Ausstattung gehören: die Gebetsnische (*mihrab*) in Richtung (*qibla*) Mekka, die Kanzel (*minbar*) für den Leiter des Freitagsgottesdienstes, ein Koranständer, Leuchter und Lampen, Matten und Teppiche. Das muslimische Gotteshaus kennt keine Bilder, Statuen und Andachtsgegenstände. Worte des Koran, kunstvoll in großen arabischen Lettern gestaltet, genügen, dazu nicht-figürliche Ornamente. Keine feierliche Musik, weder Instrumente noch Chorgesang. Die feierliche Rezitation des Koran ist der Musik genug.

Die Muslime – unsere Nachbarn

Wir sitzen hier im Büro des Scheichs der Moschee »Islah«. Aber ich komme gerade von Notre Dame de la Garde. Dorthin bringen bisweilen auch Muslime Blumen, Kerzen und Weihrauch. Denn Maria und vor allem ihr Sohn Jesus spielen eine bedeutsame Rolle im Koran. Das heißt, daß christlicher und muslimischer Glaube sich nicht total entgegensetzen, wie dies so oft dargestellt wird.

Allerdings, hier in Marseille wie in anderen Städten Europas gibt es große Spannungen zwischen Muslimen und Nicht-Muslimen. Auf beiden Seiten Ängste:
– Nicht-Muslime fühlen sich bedroht durch die Revolutionen im Iran, Sudan, in Afghanistan, durch die Terroristen drüben in Algerien und Ägypten.
– Aber auch die Muslime fühlen sich bedroht: durch gesellschaftliche Einschränkungen, Arbeitslosigkeit, mögliche Ausweisungen,

durch die militärische Intervention des Westens im Irak, durch die einseitige Politik in Bosnien und vor allem in Palästina.

Will man den »Clash of Civilizations«, den vielbeschworenen Zusammenprall der Kulturen, vermeiden in einer Stadt, einem Land, in der Welt überhaupt, dann nur durch Dialog und Verständigung. Fanatiker gibt es im Islam, aber auch im Judentum und im Christentum, überall ...

Der Gewalt muß man natürlich Widerstand entgegensetzen. Aber grundsätzlich sollte man den religiös engagierten Menschen Verständnis entgegenbringen, Toleranz, demokratische Gesinnung. Und da hilft sehr, wenn man sich besinnt auf die religiösen Wurzeln und die gerade zwischen Judentum, Christentum und Islam gemeinsamen Wurzeln im Glauben an den einen Gott Abrahams.

Das tägliche Ritualgebet – Wesenssymbol des Islam

Die **Gleichheit aller Muslime vor Gott** ist gerade im Gottesdienst offenkundig: Kein Aufzug scheidet Kleriker und Laien, kein liturgisches Drama scheidet Sakrales und Profanes, kein Mysterienspiel scheidet Eingeweihte und Ahnungslose. Jeder Muslim kann grundsätzlich als Vorbeter, als Imam, auftreten. Ein Priestertum gibt es nicht, auch keine Priesterweihe, kein Allerheiligstes, keinen Opferaltar, keine besonderen Kleider für religiöse Würdenträger, keinen separaten Raum in der Moschee für eine Klerikerkaste.

Das **tägliche Ritualgebet** ist diszipliniert, genau festgelegt in seinem Bewegungsablauf und ganz konzentriert auf den einen Gott. Alle sind eingeordnet in die wohlaufgeschlossenen Reihen der betenden Gemeinde: jeder einzelne hineingenommen in den großen Rhythmus dieses großartig einfachen und direkten Ritus der persönlichen und gemeinschaftlichen Gottesverehrung. Die wichtigste der fünf vorgeschriebenen Bewegungen ist das zweimalige »Niederbeugen« des Menschen vor

Islam

seinem Schöpfer und Richter, bei dem die Stirn den Boden berührt. So drückt der Beter aus, daß der Mensch sich in seiner Existenz ganz und gar Gott verdankt, daß er in seinem Geschick ständig von einer höheren Macht abhängt. Tiefster Ausdruck des »Islam«: der »Hingabe« an Gott.

Die **Eröffnungssure des Koran** (*al-fatiha*) enthält nach der Auffassung vieler Muslime Fundament, Summe und Quintessenz des ganzen Koran: »Im Namen Gottes, des Erbarmers, des Barmherzigen. Lob sei Gott, dem Herrn der Menschen in aller Welt, dem Erbarmer und Barmherzigen, der am Tag des Gerichts regiert! Dir dienen wir, und dich bitten wir um Hilfe. Führe uns den geraden

Vor dem Gebet für Muslime obligatorisch: die rituelle Waschung.

Weg, den Weg derer, denen du Gnade erwiesen hast, nicht den Weg derer, die deinem Zorn verfallen sind und irregehen!« Die einzige Bitte, die im Pflichtgebet ausgesprochen wird, ist die Bitte um »Rechtleitung«. Könnte ein solches Gebet nicht auch von Christen gebetet werden? Das Unterscheidende des Islam wird herauszuarbeiten sein, doch soll dies in sachlicher und nicht in abschätziger Weise geschehen.

Feindbild Islam

Für manche im Westen hat der Islam nach dem Zusammenbruch des Kommunismus die Rolle des Feindbildes übernehmen müssen. Ein Feindbild ist für vieles gut. Es hat individual-psychologisch und politisch-sozial verschiedene Funktionen:

Das tägliche Ritualgebet: diszipliniert, genau festgelegt, alle eingeordnet in die Reihen der Gemeinde.

– Ein Feindbild **entlastet**: Nicht wir, nicht unsere Freunde, der Feind trägt alle Schuld! Unsere verdrängten Schuld- und Minderwertigkeitsgefühle, unsere Aggressionen und Frustrationen lassen sich gefahrlos nach außen ableiten, auf ihn projizieren. Feindbilder ermöglichen ein Sündenbock-Denken.
– Ein Feindbild **verbindet**: Sind wir auch in vielem uneins, so sind wir doch verschworen gegen den Feind! Ein gemeinsamer Feind stärkt den Zusammenhalt. Er läßt uns die Reihen fest schließen und Abweichler ausgrenzen. Feindbilder fördern das **Block-Denken**.
– Ein Feindbild **polarisiert**: Durch eine Reduktion der Möglichkeiten auf ein Entweder-Oder lassen sich die Menschen für die politische Auseinandersetzung nach Freund und Feind effektiv gruppieren und instrumentalisieren. Wissen wir auch nicht, wofür wir sind, so doch wogegen. Die Fronten sind geklärt. Jeder weiß, wo er steht. Feindbilder pressen alles in ein **Freund-Feind-Schema**.
– Ein Feindbild **aktiviert**: Eigene Information und Orientierung sind nicht notwendig. Wir dürfen, wir sollen uns wehren gegen die anderen,

Fremden, Feinde, äußere wie innere. Da ist nicht nur Mißtrauen, sondern auch Feindseligkeit und, wenn nötig, auch Gewalt angebracht gegen Sachen und Personen, physische, psychische, politische, ja militärische Gewalt. Feindbilder überwinden Tötungshemmungen. Feindbilder führen leicht zum **kalten oder heißen Krieg.**

Selbstkritische Fragen für Christen

Wenn es um den Islam geht, zeigen unsere Medien mit Vorliebe fanatische bärtige Mullahs, hemmungslos gewalttätige Terroristen, superreiche Ölscheichs oder verschleierte Frauen. Die zahllosen friedliebenden, toleranten und aufgeschlossenen Muslime gerade in Europa leiden unter solchen Stereotypen, die am Islam vor allem **Intoleranz** nach innen, **Militanz** nach außen sowie Starre und **Rückständigkeit** in jeder Hinsicht herausheben.

Selbstkritische Fragen für Christen drängen sich auf: Ob nicht allzu oft ein **islamisches Negativbild mit einem christlichen Idealbild verglichen** wird? Ob es nicht auch im Westen, ja im Christentum selber Intoleranz, Militanz und Rückständigkeit gibt und umgekehrt auch im Islam Toleranz, Friedensliebe und Fortschritt? Ob also nicht mit einem Freund-Feind-Schema das uns Fremde verunglimpft und ausgegrenzt werden soll? Ob es dabei überhaupt um ein Bild des realen Islam geht? Christen sollen den Islam so verstehen, wie er sich selbst versteht. Kritisches Rückfragen ist dann durchaus gestattet, ein Wettstreit um das tiefere Gottesverständnis durchaus erwünscht.

Islam – die neueste und älteste Religion zugleich

Schon ein Blick auf die Weltkarte provoziert die Frage: Warum bekennt sich bald **eine Milliarde Menschen im mittleren Gürtel des Globus** zum Islam: von der Atlantikküste Afrikas bis zu den indonesischen Inseln, von den Steppen Zentralasiens bis ins afrikanische Mosambik? Warum hat diese Religion so verschiedene Menschen wie nomadische Berber, schwarze Ostafrikaner, nahöstliche Araber, aber auch Türken, Perser, Pakistani, Inder, Chinesen und Malaien zu einer großen religiösen Familie zusammenbringen können?

Für die Muslime selber ist der Islam die **neueste** und deshalb auch die **beste** Religion. Juden und Christen hätten zwar vorher schon Gottes Offenbarung erhalten, aber dann leider verfälscht. Erst der Islam stellte sie unverfälscht wieder her. Deshalb ist er für die Muslime auch die **älteste** und **universalste** Religion. Denn schon Adam, der erste Mensch, sei »Muslim« gewesen. Warum? Weil schon Adam islam praktizierte, was wörtlich heißt: »Unterwerfung«, »Unterordnung«, »Ergebung« in Gottes Willen im Leben und Sterben.

Statt darstellender Künste Schönschreibkunst

Anders als die Juden in späterer Zeit haben die Muslime bis heute nicht die geringsten Hemmungen, den Namen Gottes auszusprechen. Doch in bezug auf das Bilderverbot sind sie womöglich noch radikaler als die Juden. Anstelle der verbotenen Bilder tritt bei ihnen die **Schrift**, anstelle

Werkzeug des Kalligraphen bis heute: Papier, Tinte und Rohrfedern aus Bambus.

Islam

der darstellenden Künste die **Kalligraphie**: die Schönschreibkunst, die im Islam früher auch in höchsten Kreisen gepflegt wurde.

Die Schrift des klassischen **Arabisch** hatte sich aus einer Form des Aramäischen entwickelt. Das aramäische Alphabet der arabischen Nabatäer (Hauptstadt Petra im heutigen Jordanien) ist ihr Vorläufer. Dreisprachige christliche Inschriften in Syrisch, Griechisch und Arabisch aus dem Jahre 512/513 sind die ältesten bisher entdeckten Zeugnisse der arabischen Schrift. Diese ist eine Konsonantenschrift, von rechts nach links geschrieben; ihre Vokale wurden mit der Zeit zur Vermeidung von Mehrdeutung und Mißdeutung mit kleinen »diakritischen« (unterscheidenden) Zeichen angedeutet.

Auch der heutige **Kalligraph** gebraucht die traditionellen Schreibinstrumente, einen Federkiel oder eine Rohrfeder aus Bambus. Besonders aber bedarf er der intellektuellen und ästhetischen Fähigkeiten. Meist beherrscht er mehrere Schriftarten. Gerne zeigt ein Kalligraph sein Können anhand der beiden entscheidenden Namen des islamischen Glaubensbekenntnisses, das Grundlage ist für jede muslimische Praxis.

Die Grundlage des Islam: das Glaubensbekenntnis

Das Glaubensbekenntnis (*shahada*) ist unbestritten und unumstritten die zentrale Botschaft des Islam. Es ist von denkbar größter Einfachheit und läßt sich in der Tat durch zwei Worte wiedergeben:

Das erste Wort: **Allah**. Also: der **Glaube an den einen Gott**, der keine »Beiordnung« irgendeiner Göttin, eines Sohnes oder einer Tochter zuläßt. Der Glaube an Allah, den einen Gott, ist die erste Pflicht eines Muslim und Grundlage der islamischen Gemeinde, der einzige Inhalt ihrer Gebetsliturgie. Er ist das geistige Band der Einheit für alle islamischen Stämme und Völker.

Das zweite Wort: **Muhammad**. Also: das **Bekenntnis zum letzten, definitiven Propheten**, dem »Siegel« der Propheten. Wie nach islamischem Verständnis Mose den Juden ein Buch, die Tora, gebracht hat und Jesus den Christen das Evangelium, so hat auch Muhammad den Arabern ein heiliges Buch gebracht: den Koran. Auch Muhammad ist deshalb

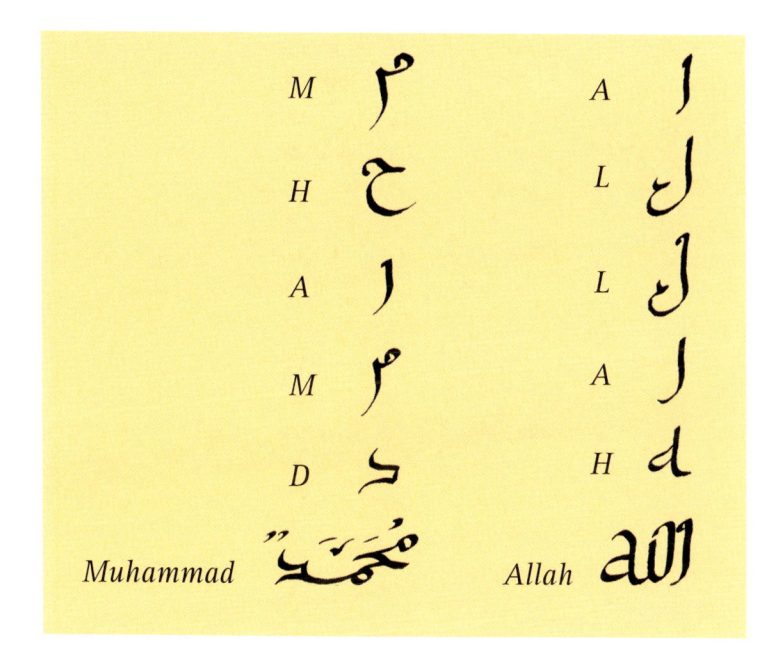

M	ر	A	ا
H	ح	L	ل
A	ا	L	ل
M	م	A	ا
D	د	H	ه
Muhammad	مُحَمّد	Allah	الله

nicht nur ein gewöhnlicher Prophet (*nabi*), sondern er ist, weil er ein heiliges Buch gebracht hat, wie schon Mose, David (die Psalmen) und Jesus, ein besonderer Gesandter (*rasul*) des einen Gottes. Trotzdem ist er keinesfalls mehr als ein Mensch. So heißt es im Koran: »Ich bin nur ein Mensch wie ihr, einer, dem eingegeben wird, daß euer Gott ein einziger Gott ist« (Sure 41,6). Hier wird Gemeinsames und Unterscheidendes der drei Religionen semitisch-nahöstlichen Ursprungs sichtbar.

Das Eigentümliche der drei monotheistischen Religionen

Das **Gemeinsame** von Judentum, Christentum und Islam ist unübersehbar: der Glaube an den einen und einzigen Gott Abrahams, den gnädigen und barmherzigen Schöpfer, Bewahrer und Richter aller Menschen, auf arabisch von Muslimen wie Christen »Allah« genannt.

Islam

Das **Unterscheidende** aber ist jetzt ebenfalls deutlich. Am wichtigsten ist
- für das Judentum: Israel als **Gottes Volk und Land**;
- für das Christentum: Jesus Christus als **Gottes Messias und Sohn**;
- für den Islam: der Koran als **Gottes Wort und Buch**.

Der Koran – ein Buch

Der Koran ist für die Muslime ein lebendiges, heiliges Buch in arabischer Sprache. Jedes Wort in dieser Charakteristik ist wichtig:

Es geht um ein **Buch**. Als solches hat es den Vorteil, daß jeder Gläubige weiß, woran er ist. Hier steht alles, was Gott ganz direkt geoffenbart hat. Hier ist unzweideutig festgehalten, was Gott will. Deshalb ist hier auch nichts mehr zu verändern. Im Gegenteil: Nicht um Veränderung geht es, sondern um Verinnerlichung. Schon als Schulkind soll sich der Muslim möglichst viele Texte in sein Gedächtnis einprägen.

Es geht um **ein** Buch. Der Koran ist nicht wie die Hebräische Bibel eine Sammlung höchst gegensätzlicher Schriften, die zunächst keinen gemeinsamen Nenner zu haben scheinen. Er besteht auch nicht, wie das Neue Testament, aus sehr verschiedenen, in vielen Details gar widersprüchlichen Verkündigungstexten, die auch noch selber signalisieren, nicht alles an Quellenmaterial über Jesus zu enthalten. Nein, der Koran ist für Muslime ein einziges Buch von Offenbarungen, die dem einen und selben Propheten zukamen und die deshalb zusammenhängend und trotz aller Zeit- und Stilunterschiede einheitlich sind. Erst nach seinem Tod wurden sie in dem einen Buch gesammelt, eingeteilt (im großen und ganzen der Länge nach) in 114 Abschnitte, die mit dem koranischen Ausdruck »Sure« (*sura*, Pl. *suwar*) bezeichnet werden und ihrerseits aus Versen (»Zeichen«: *aya*, Pl. *ayat*) bestehen. Schon im Koran selber ist die Rede von einem »Buch« (*kitab*).

Es geht um ein **arabisches** Buch. Der Koran ist das älteste arabische Sprachkunstwerk in Prosa (zuvor gab es bereits Vers-Sammlungen). Es hat die Verbreitung des Arabischen in Wort und Schrift wie kaum etwas anderes sonst gefördert und wirkt bis heute in syntaktischer und morphologischer Hinsicht normierend. Doch wichtiger: Der Koran ist zugleich das den Arabern geschenkte Offenbarungsbuch, so daß nun endlich auch sie wie die Juden und Christen Schriftbesitzer, »Leute des Buches«, sind. Sie besitzen jetzt ein eigenes heiliges Buch, das durch die Schönheit, die eindringliche Melodie und den oft leidenschaftlichen Rhythmus seiner Sprache sogar die Nicht-Araber unter den Muslimen zu bezaubern und hinzureißen vermag. Auch für sie ist das Arabische die Kultsprache, auch für sie die arabische Schrift ihre eigene. Selbst reformerisch gesinnte Muslime sind der Meinung, den Koran verstehe nur, wer das reine Arabisch verstehe, und deshalb habe sich jeder Muslim um Beherrschung des Arabischen zu mühen. Durch den Koran wurde das Arabische die heilige Sprache der gesamten muslimischen Welt.

Der Koran – gegenwärtig durch Lesung

Es geht um ein **lebendiges** Buch. Der Koran ist weder ein ehrwürdiges Buch der Vergangenheit, noch ein privates Buch der Andacht und Betrachtung. Er ist ein Buch, das immer wieder in aller Öffentlichkeit laut rezitiert wird: Quran kommt vom Verb *qaraa* = »laut lesen, vorlesen«, und meint »Lesung« im doppelten Sinn des Wortes: sowohl das Vortragen, Rezitieren wie das Rezitierte, das Lektionar, das Vortragsbuch. Was der Prophet hörte, das hat er den Menschen weitergegeben. Es ist ein Buch, das mit der Reimprosa seiner Suren und Verse klingt, das rezitiert oder gesungen werden kann und soll. Seine Worte und Sätze begleiten den Muslim von der Stunde der Geburt an, wo ihm das koranische Glaubensbekenntnis ins Ohr gesungen wird, bis hin zur letzten Stunde, wo ihn Koranworte in die Ewigkeit begleiten. Durch Hören, Memorieren und Rezitieren bekennt sich der Muslim zu Gottes Offenbarung und macht sie sich zugleich zu eigen.

Es geht um ein **heiliges** Buch. Der Koran ist kein Buch wie jedes andere, mit schmutzigen Händen anzurühren und in unlauterem Geist zu lesen. Nein, er ist ein Buch, vor dessen Lektüre man die Hände mit Wasser oder Sand reinigen und das Herz durch demütiges Gebet öffnen soll. Kein profanes, ein durch und durch sakrales und gerade so allgegenwär-

Gläubige in der Moschee rezitieren singend den Koran.

tiges Buch. Seine Verse, kunstvoll in Stein gemeißelt oder auf Fayencen gemalt, zieren sakrale Gebäude, aber auch Werke der Metall- und Holzschnitzkunst, der Keramik und der Miniaturmalerei. In beeindruckender Ästhetik, geschrieben in verschiedenartigen Schriften, ragen vor allem die Koran-Exemplare selber hervor, die oft kostbar gebunden und meist mit farbigen Arabesken geschmückt sind.

Für den Muslim der Weg, die Wahrheit und das Leben

Als die **Urkunde von Gottes letztgültiger Offenbarung** hat der Koran alle Bereiche des Islam zutiefst geprägt. Was die Tora für die Juden und der Christus für die Christen, das ist der Koran für die Muslime: »der Weg, die Wahrheit und das Leben«. In der Tat ist der **Koran** für alle Muslime

– die **Wahrheit**: die ursprüngliche Quelle der Gotteserfahrung und Frömmigkeit und der verpflichtende Maßstab des rechten Glaubens,
– der **Weg**: die wahre Möglichkeit der Weltbewältigung und ewig gültige Richtschnur des richtigen Handelns, des Ethos,
– das **Leben**: die bleibende Grundlage des islamischen Rechts und die Seele der islamischen Liturgie, die Unterweisung schon für die muslimischen Kinder, die Inspiration der muslimischen Kunst und der alles durchdringende Geist der muslimischen Kultur. Nicht so sehr auf Dogmen, sondern auf die Praxis kommt es dabei an. Denn:

Wer ist wirklich ein Muslim?

Zum Freitagsgebet füllt sich in Städten wie Marseille sogar die Straße vor der Moschee. Sie wird ganz mit Gebetsteppichen ausgelegt. Doch allen diesen gesammelt betenden Menschen ist es bewußt: **Wirklich Muslim** ist einer nicht einfach dadurch, daß er das Glaubensbekenntnis ablegt. Wirklich Muslim ist nur, wer sich Gott ganz praktisch im Leben unterordnet, also nach seinem Willen zu leben versucht. Und dies alles nach dem Vorbild des Propheten Muhammad. Doch wer war dieser Muhammad? Bei manchen anderen Religionsstiftern verliert sich die historische Existenz in Legende und Mythos. Nicht so bei Muhammad.

Islam

Arabien – Geburtsstätte des Islam

Vom reichen **Arabien des Südens** (Jemen, Hadramaut), das wegen des günstigen Klimas, des einträglichen Weihrauchmonopols und des Indienhandels das »glückliche« Arabien (*Arabia felix*) genannt wurde, war und ist das **Arabien des Nordens** grundverschieden: wasserarm, unwirtlich, sandig, steinig, felsig, ohne alle Seen und Flüsse, nur Wadis. Ein Land, das Pflanzen, Tieren und Menschen das Äußerste an Härte, Ausdauer und Kampfgeist abverlangt!

Doch gerade dieser Norden der Wüsten, Steppen, Gebirge, aber auch der Oasen, die den Beduinen Seßhaftigkeit, Ackerbau, Handel (Kamelzucht und später Pferdezucht, immer wichtiger für das Militär) ermöglichen: dieser Norden sollte sich stark verändern aufgrund des an der »Weihrauchstraße« gewaltig zunehmenden Karawanenverkehrs, der organisiert, beschützt und gefördert sein wollte. Und genau dieser Norden, genauer Nordwestarabien, ist die eigentliche Heimat der Araber und mit seinen aufstrebenden Städten Mekka, Ta'if, Medina und Najran die Geburtsstätte des Islam. Ihm sollte die Zukunft gehören.

Ein Prophet steht auf

Um 570 wird Muhammad aus dem Stamm der Quraish und dem Clan der Hashim in Mekka geboren. Ursprünglich Vollwaise, vom Großvater und dann vom Onkel und Clanoberhaupt aufgezogen, wird er Geschäftsführer einer reichen Kaufmannswitwe und schließlich mit 25 Jahren ihr Ehemann. Große Handelsreisen durch die Wüste bis nach Palästina und Syrien führt er für sie durch. Doch immer öfter zieht er sich aus dem Geschäft in die Einsamkeit des Gebirges zurück. Wichtiger als der Handel mit all den Kostbarkeiten werden ihm im Laufe der Jahre Gebet und Meditation. Es gab ja damals im vorislamisch-heidnischen Arabien mit seinen Göttern, Göttersöhnen und -töchtern nicht wenige »Gottsucher« (*hanif*), die nach einem reineren Glauben verlangten, dem Glauben an den einen Gott.

Und doch welche Überraschung, als der jetzt Vierzigjährige eines Tages auftritt mit der Mitteilung, von Gott **Offenbarungen** erhalten zu haben! Nur im Familien- und Freundeskreis verkündet er sie. Und hier gewinnt er schließlich eine kleine Gruppe von Gläubigen. Erst mit der Zeit gewinnt er Klarheit darüber, was sein prophetischer Auftrag alles umfaßt. Denn er erhält immer neue Offenbarungen, die er seiner Gefolgschaft vorträgt, rezitiert.

Provozierende Botschaft

Aber als Muhammad die Offenbarungen nach drei Jahren öffentlich verkündet, wird er **als »Warner« und »Mahner«** fast allgemein **abgelehnt**, ja, lächerlich gemacht. Und dies aus zwei begreiflichen Gründen:

Mitten in der geschäftigen Handelsstadt Mekka an der Weihrauchstraße tritt Muhammad – in einer Zeit der Hochkonjunktur des Karawanenhandels vom Jemen bis nach Gaza und Damaskus – für ein **Ethos der Gerechtigkeit** ein. Seine Mitbürger konfrontiert er mit dem kommenden Gericht, droht scharfe Strafen im Jenseits an und fordert Umkehr und soziale Solidarität. Bedrohlich für den Egoismus und Materialismus der reichen Kaufleute und Händler!

Zweitens kommt hinzu: Muhammad tritt ein für eine **Unterwerfung unter den einen und einzigen Gott**, den Gerechten und Barmherzigen. Bedrohlich für den Götterkult und den Kommerz um die Kaaba, den ganzen Wallfahrtsbetrieb und damit Mekkas Finanz- und Wirtschaftssystem. Ja, die Einheit und das Prestige seines Stammes, der Quraish, ist gefährdet. Die soziale und die religiöse Problematik sind nun einmal eng ineinander verwoben. Wirtschaftsleben und Sozialstruktur einerseits und Religion und Moralvorstellungen andererseits bilden ein kaum unterscheidbares Ineinander von Ideen und Institutionen.

Trotzdem bildet sich eine muslimische Gemeinde, deren Basis nicht ein bestimmter sozialer Status ist, sondern der gemeinsame Glaube, das Ritualgebet, die endzeitlich bestimmte Frömmigkeit sowie das Ethos der Gerechtigkeit. Ein zehnjähriger bitterer **Konflikt** ist die Folge. Die Situation des Propheten in Mekka wird schließlich unhaltbar. Seine Frau war gestorben, kurz darauf auch sein Onkel und Beschützer. Ein anderer Onkel, der eine Frau aus dem Muhammad feindlich gesinnten Klan der Umayya geheiratet hat, stellt sich gegen ihn. Die Suche nach einem Zufluchtsort außerhalb seines Stammes in Mekkas Umgebung bleibt erfolglos.

Medina: die Bildung einer Gemeinde

Es bleibt nur ein Ausweg: die **Emigration**, die **Hidjra**. Im Jahr **622** – das wird später zum Jahr 1 der neuen, islamischen Zeitrechnung – emigriert der Prophet nach Yathrib, das später Medina (*al-Madina* – »Stadt« des Propheten) genannt werden sollte. **Medina**: weniger wie Mekka eine Stadt des Handels, der Wallfahrten, des Marktes als vielmehr eine Oase der Dattelpalmen und des Getreides, der Landwirtschaft also, wie sie hier effektiv vor allem von jüdischen Stämmen betrieben wird. Hier in

In kleinen Gruppen zogen die Muslime einst von Mekka nach Medina.

Medina aber liegen mehrere Stämme und Sippen miteinander im Streit: Sie brauchen einen Schiedsrichter und Friedensstifter. Aus dieser 300 Kilometer nördlich gelegenen Stadt hatten sich schon früher zur Wallfahrtszeit Männer in Mekka eingefunden, die sich im geheimen mit Muhammad trafen und sich auf seine Botschaft festlegten.

In kleinen Gruppen ziehen die Muslime jetzt weg: Auszug aus dem eigenen Stamm und Abbruch der Beziehungen zur eigenen Sippe – um des Glaubens willen! Wahrhaftig, der Übergang in eine andere Welt: Nicht mehr die Stammesverwandtschaft zählt, sondern die Glaubensgemeinschaft, nicht mehr die alten Götter, sondern der eine Gott. Die Gemeinde der Araber wird zur Gemeinde der Muslime. In Medina begründet der Prophet die **erste muslimische Gemeinde,** die **Umma**, die der Kern ist der späteren großen muslimischen Gemeinschaft, die bis heute ebenfalls Umma genannt wird.

Sie ist von Anfang an beides: **religiöse Gemeinschaft und politische Gemeinde**. Keine Trennung also von Religion und Staat! Der islamische Staat ist von Haus aus »Theokratie«, »Herrschaft Gottes«. Doch Muhammads Enttäuschung ist groß: Gerade die drei jüdischen Stämme in Medina lehnen seinen Prophetenanspruch ab; er ist für sie kein Prophet. Muhammads Judenbild wendet sich ins Negative. Er zwingt zwei dieser Stämme zur Emigration, den dritten liefert er dem Massaker aus. Auch dies ist ein Charakteristikum des arabischen Propheten: Er ist zugleich **Staatsmann und Heerführer**.

Gegen seinen Heimatstamm führt er sechs Jahre lang Krieg. Im Jahre 630 aber zieht er als Sieger friedlich in Mekka ein und residiert dann wieder in Medina. Hier findet sich das ursprüngliche **Modell aller Moscheen**. Es ist jenes Haus, das Muhammad selber in Medina bauen ließ: ein quadratischer Hof, von Lehmmauern umgeben, darin zwei Hallen mit Schattendecken, auf Palmenstämmen ruhend, mit einem Zeichen für die Gebetsrichtung nach Mekka und einer einfachen Kanzel; anliegend an der Ostmauer befinden sich Hütten aus Palmenzweigen für den Propheten und seine Frauen.

Muslimische Lebenspraxis: die fünf Grundpfeiler des Islam

Von Medina aus nimmt er 632 noch an einer Wallfahrt nach Mekka teil, die seine »Abschiedswallfahrt« sein sollte. Todkrank, das Haupt in den Schoß seiner Lieblingsfrau Aisha gebettet, stirbt der Prophet im Alter von 62 Jahren am 8. Juli 632 in Medina – heute nach Mekka die zweite heilige Stadt des Islam. Die ganze Arabische Halbinsel hat Muhammad inzwischen unter seine Kontrolle gebracht und **Arabien zum Kernland des Islam** gemacht.

Gebetsrichtung ist jetzt nicht mehr das Jerusalem der Juden, sondern **Mekka** und als Zentrum die Kaaba, die Muhammad im Jahr 630 von Lokalgottheiten gereinigt hatte. Dies war von allergrößter Bedeutung für die Integration der nun ständig wachsenden muslimischen Völkerschaften. Denn mit ihrer Gebetsnische in Richtung Mekka erinnert jede Moschee in aller Welt die Muslime immer wieder an ihren Ausgangsort, ihren Ursprung, an die Heimat ihrer Religion. Man braucht sich nur die Luftlinie verlängert zu denken, um zu wissen, wohin man, wenigstens einmal im Leben, unbedingt reisen sollte. Jeder erwachsene Muslim soll diese Wallfahrt einmal in seinem Leben durchführen, auch wenn sich dies bis heute faktisch nur ein kleiner Teil der Muslime leisten kann (deshalb kann dies auch durch einen Stellvertreter geschehen).

Auf der Grundlage des Koran haben sich so schon in der muslimischen Urgemeinde **fünf Grundpfeiler** des Islam herausgebildet, auf denen das ganze Haus des Islam gebaut ist: neben dem **Glaubensbekenntnis** zum einen Gott und seinem Propheten, dessen Grab in Medina verehrt wird, und dem alltäglichen **Pflichtgebet**:
– alljährlich die **Armenabgabe** oder Sozialsteuer (*zakat*);
– alljährlich der **Fastenmonat** Ramadan mit Vollfasten von Sonnenaufgang bis Sonnenuntergang und dann eben
– einmal im Leben die **Wallfahrt** nach Mekka, der »Hadjj«: der fünfte Pfeiler des Islam.

Mekka: das Ziel der Großen Wallfahrt

Die **Große Wallfahrt** der Muslime nach Mekka ist nur im Wallfahrtsmonat möglich. Zumindest einmal im Leben soll sich der Muslim von der Welt abwenden und ganz Gott zuwenden. Mit einer relativ gemütlichen Pilgerreise, wie Christen sie nach Lourdes oder Rom unternehmen, hat dies freilich nichts zu tun.

Eine ganze Reihe teilweise anstrengender Rituale gilt es zu vollziehen. Zunächst haben sich die Pilger in den **Weihezustand** zu bringen: die Frauen in weißem, ungesäumtem Gewand, die Männer in zwei weißen Tüchern, ohne sich zu rasieren oder zu kämmen. Niemand soll Haare und Nägel schneiden, Parfum benutzen, Geschlechtsverkehr haben, soll bestenfalls ungenähtes Schuhwerk tragen. Die gleiche Kleidung stärkt das Gefühl der Gleichheit aller Menschen vor Gott.

Nach muslimischer Auffassung haben Abraham und sein Sohn Ismael die **Kaaba** (arabisch für »Kubus«) aufgerichtet und den Platz von Götzendienst gereinigt. Siebenmal ist jenes uralte zentrale Heiligtum Mekkas **zu umschreiten** und dabei der **Schwarze Stein**, wohl ein Meteorit aus Basalt, zu grüßen, zu berühren, gar zu küssen. Die Kaaba gilt den Muslimen als Ort besonderer göttlicher Präsenz. Alles was mit ihr in Berührung kommt, erhält Anteil an Gottes segnender Kraft.

Die »Kleine« Wallfahrt – das ganze Jahr über möglich – besteht lediglich aus dem Umschreiten der Kaaba. Bei der »Großen« Wallfahrt aber zieht man hinaus in die Ebene Arafat und besteigt den Gnadenberg Rahma, wo man Vergebung der Sünden erhält. Außerdem kommen bei der Großen Wallfahrt in den folgenden Tagen noch eine Reihe von Riten an heiligen Plätzen rund um Mekka hinzu. Vor allem das Sammeln von Kieselsteinen und das Werfen auf einen Steinpfeiler: Symbol des **Teufels**, der in Ruinen, Grabstätten, an »unreinen Orten« hausen soll; er liebe Musik und Tanz und könne alle möglichen Gestalten annehmen.

Anders als Juden und Christen praktizieren die Muslime noch die uralten **Tieropfer** zur Sühne für Vergehen. Die Opfertiere – ein Schaf, eine Ziege oder ein Kamel, oft für eine ganze Pilgergruppe – werden zusammengetrieben. Unter Anrufung des Gottesnamens wird ihnen in Richtung Kaaba die Kehle durchschnitten. Einen kleinen Teil des Fleisches erhalten die Pilger zum Verzehr, das übrige ist für die Armen. Alles in allem ein frohes Opferfest mit über einer Million Menschen und Hunderttausenden von Tieropfern; ohne rationelle Großorganisation ist dies zweifellos nicht zu machen. Nach dem Opferfest läßt man sich rasieren, die Haare schneiden und zieht neue Kleider an.

Eine wichtige Station der Wallfahrt: die symbolische Steinigung des Teufels.

Am Ende der zweiten Woche wird die Kaaba erneut umschritten. Es folgt das große Schlußgebet: »Allahu akbar«, **»Allah allein ist groß!«**. Keine Frage: Diese Wallfahrt ist für jeden Muslim und jede Muslima das Glaubenserlebnis ihres Lebens schlechthin.

Die Frage der Prophetennachfolge

Schon unter dem Propheten selbst ist das **ur-islamische Gemeinde-Paradigma** (Paradigma I) grundgelegt worden, wie es seine Nachfolger, die er selber nicht bestimmt hatte, weiterentwickelt haben. »Das größte Unglück« sei der Tod des Propheten gewesen, liest man nicht selten auf muslimischen Grabsteinen. Was waren die Folgen?
– Die unmittelbare Rechtleitung durch den Propheten, den Empfänger, Interpreten und Ausführenden göttlicher Offenbarungen, wird abgelöst von der Rechtleitung durch den **Stellvertreter** (*chalifa*) des Propheten.
– Eine ständig erneuerte Legitimation durch ständig neue göttliche Offenbarungen gibt es nicht mehr. Es gibt nur noch die abgeleitete menschliche Autorität einer **nicht-prophetischen Führung**: kein »Sprachrohr« Gottes mehr, sondern bestenfalls noch einen »Gesprächspartner« Gottes.
– An die Stelle der charismatischen Führerpersönlichkeit tritt die **Institution des Kalifats**: an die Stelle des Charismas das Amt, an die Stelle der Prophetie die Tradition, die charismatische Herrschaft wird also legalisiert und institutionalisiert.

Der Stellvertreter des Propheten selber war kein Prophet, auch nicht in erster Linie eine nur religiöse, sondern gleichzeitig eine politisch-rechtliche Autorität, so etwas wie ein oberster Stämmescheich, der die ganze muslimische Gemeinschaft zu führen, bei Streitigkeiten zu vermitteln und zu entscheiden und der auch die oberste Heerführung zu übernehmen hatte. Die Aufgaben eines Kalifen waren so neu, daß sie nirgendwo vorgezeichnet waren. Das Wort »Kalif« kommt im Koran zwar mehrfach vor, aber an keiner Stelle meint es eindeutig einen allfälligen politisch-religiösen Nachfolger des Propheten bei der Gemeindeleitung. Ist es da ein Wunder, daß man unter Muslimen schon früh über Eigenschaften, Machtbefugnis und die Weise der Einsetzung des Kalifen in Streit geriet?

Eines aber wurde den Muslimen jetzt mehr und mehr bewußt: Wenn auch der Prophet nicht mehr unter den Lebenden ist, so wird doch der Koran bleiben, der als ewiges Wort Gottes lebendig ist und unzerstörbar bleibt. In der **politischen Nachfolge** tritt an die Stelle des Staatsmannes Muhammad in der islamischen Urgemeinde der **Kalif**. Das Kalifat wird sich faktisch als eine Institution auf Zeit erweisen. In der **religiösen Nachfolge** aber tritt an die Stelle des Propheten Muhammad ohne irgendein oberstes Lehramt der **Koran** als Gottes Wort und mit ihm das Beispiel seines Gesandten, die Prophetenüberlieferung, die **Sunna**. Koran und Sunna werden auf Dauer die religiöse (indirekt aber auch politische) Autorität schlechthin.

Kairouan: die älteste Moschee Nordafrikas, nach Mekka, Medina und Jerusalem die vierte heilige Stätte des Islam.

Erste arabische Expansion: die Macht der neuen Religion

Schon unter den ersten vier »rechtgeleiteten« Kalifen (632-661) erfolgt eine **erste Eroberungswelle**. Riesige Gebiete sind seither muslimisch: das früher christliche Syrien mit Damaskus und Jerusalem, das persische Sassanidenreich mit Mesopotamien und Aserbaidschan und schließlich das christliche Ägypten. Keine andere Religion hat sich in so kurzer Zeit so weit und so nachhaltig ausgebreitet wie der Islam.

Nicht-religiöse Faktoren haben zweifellos mitgespielt: die von den Eliten in Mekka und Medina geplante Eroberungs- und Ansiedlungspolitik zur Kontrolle der kämpferisch-rivalisierenden Beduinenstämme, die Freiwilligkeit der Verbände, die überlegene militärische Taktik kleiner höchst beweglicher Einheiten sowie die Aussicht der Eroberten auf niedere Steuern. Doch ausschlaggebend war – neueste Forschung bestätigt hier die traditionelle islamische Sicht – die **geistige Macht der neuen Religion des Buches**, die den Muslimen Glaubenskraft und Sendungsbewußtsein, religiöse Kriegsmotivation und moralische Rechtfertigung ihrer Eroberungen verlieh.

Primär ging es den Kalifen in der Tat um die territoriale Ausdehnung des islamischen Staates und nicht um die geistige Ausbreitung der islamischen Religion. Christen, Juden und Zoroastrier sollten nicht bekehrt werden, sondern Kopfsteuern bezahlen und den islamischen Staat finanzieren. Sie gelten als geschützte Minderheiten (*dhimmi*), doch Bürger zweiter Klasse mit stark gemindertem Rechtsstatus: Sie genießen innere Autonomie und Schutz für Leib, Leben und Eigentum, aber unter Ausschluß von Staatsdienst und Armee.

Kairouan: die älteste Moschee Nordafrikas

Wer würde denken, wenn er durch die stille, etwas armselige Altstadt des tunesischen Kairouan geht, daß dies die »Lagerstadt« der arabischen Armee bei der zweiten großen Expansionswelle war, das große Hauptquartier sowie die erste muslimische Stadtgründung in Nordafrika,

Alles überragend: das große Minarett von Kairouan.

fern von der Küste vor byzantinischen Flottenangriffen geschützt, Ausgangspunkt für alle weiteren Militäroperationen gegen Berber und Byzantiner durch den ganzen Maghreb bis zum Atlantik. Noch heute ist Kairouan die vierte heilige Stadt des Islam, nach Mekka, Medina und Jerusalem. Woll- und Teppichgeschäfte erinnern an Kairouans große Zeit im 9. Jahrhundert.

Und noch heute ist die Moschee des Sidi-Oqba, damals General und Gouverneur der römischen Provinz Africa, also Nordafrikas, arabisch *ifriqiya*, das Ziel von Millionen Pilgern. Der Innenhof mit mehreren Toren und, wie in Moscheen üblich, einem Brunnen zur rituellen Waschung ist dominiert vom mächtigen Minarett. Diese Moschee ist das älteste und bedeutendste islamische Bauwerk in Nordafrika, Vorbild für die gesamte maurische Sakralarchitektur. Insgesamt ein Wald von 414 römischen Säulen, die aus Karthago und anderen Ruinenstädten stammen.

Eine ethische Hochreligion

Es wäre falsch, den Islam als eine Religion von Feuer und Schwert zu disqualifizieren und nicht die religiöse Substanz zu sehen. Denn darüber besteht kein Zweifel: Durch den Propheten Muhammad sind die Araber auf die Ebene einer ethischen Hochreligion gehoben worden, die gegründet ist im Glauben an den einen Gott und in einem **Grundethos der Humanität** mit klaren Imperativen zu mehr Menschlichkeit und mehr Gerechtigkeit. Vom Ursprung her war der Islam weniger eine Religion des Gesetzes als des Ethos. Und so etwas wie Zehn Gebote, Grundstock eines gemeinsamen Menschheitsethos, gibt es auch im Islam.

Kein Zweifel: Muhammad war ein **echter Prophet**, in vielem nicht unähnlich den Propheten Israels. Doch darauf legen die Muslime größtes Gewicht: Der Prophet Muhammad steht im Islam nicht so im Zentrum, wie Jesus Christus im Zentrum des Christentums steht. Denn Gottes Wort ist für die Muslime nicht Mensch geworden, sondern ist **Buch** geworden. Und es ist der **Koran**, der in seiner Urfassung bei Gott selber liegt, der das Zentrum des Islam ausmacht.

Und so ist denn der Islam eine **Buchreligion** par excellence! Der Koran vollendet und ersetzt die Tora der Juden und das Evangelium der Christen. Er ist für die Muslime unüberbietbar, vollkommen, absolut zuverlässig. Und so wird er denn auch feierlich rezitiert und vor allem auch von den Kundigen auswendig gelernt. Doch auch muslimische Theologen haben die Frage diskutiert, ob der Koran als Wort Gottes nicht doch auch Wort des Menschen, Wort des Propheten Muhammad sei.

Jerusalem: ein Heiligtum des Gottes Abrahams

Für Juden wie Christen hat es Folgen bis heute: Schon auf dem ersten Vorstoß gegen die christlich-byzantinische Provinz Syrien erobern die Araber 635 **Jerusalem**, die »heilige Stadt« der Juden und Christen. Vom Kreuzzugsjahrhundert abgesehen blieb sie von da an bis in unsere Zeit islamisch: »al-Quds«, »das Heiligtum«, genannt. Nicht vergessen sei dabei, daß nun die **Juden**, die nach der völligen Zerstörung Jerusalems durch die Römer 135 die Stadt nicht mehr betreten durften (das Verbot war von den christlichen Kaisern aufrechterhalten worden), gerade durch die Muslime wieder Zutritt zu ihrer Stadt erhielten. Kein Wunder somit, daß die damals in Palästina verbliebenen Juden die muslimische Eroberung Palästinas als eine Befreiung empfanden.

Der Felsendom in Jerusalem: ein Heiligtum des Gottes Abrahams.

Für die **Muslime** ist der alte Tempelplatz der »edle, heilige Platz« (*haram esh sherif*). Er ist nach Mekka und Medina der drittheiligste Ort der Welt, den Muslime hüten wie ihren Augapfel. Doch unter der Goldkuppel des **Felsendoms** finden keine Gottesdienste statt. In diesem Rundbau wäre ja auch die für Muslime übliche Gebetsordnung gar nicht durchführbar.

Genau unter der Kuppel befindet sich nämlich der riesige, ungleich geformte, nackte Fels des Berges Moria. Hier soll Abraham der alten Überlieferung zufolge gnädig davor bewahrt worden sein, seinen Sohn Isaak zu opfern. Hier soll der erste Mensch erschaffen worden, hier der Prophet Muhammad in den Himmel aufgestiegen sein, so daß man noch heute seine Fußspuren feststellen könne; hier soll schließlich auch einmal das Weltgericht erfolgen. Für die Muslime ist der Felsendom (*kubbet es sachra*) also keine Moschee, sondern ein herausragender Ort, des einen Gottes Abrahams zu gedenken. Ein Ort des stillen Gebets.

Der Felsendom – oft fälschlich als Umar-Moschee bezeichnet, obwohl Kalif Umar gar nicht selber Jerusalem erobert hatte – ist ein einzigartiges architektonisches Meisterwerk, erbaut, wie man sagt, am Ort des ursprünglichen Allerheiligsten, im Jahr 72 nach der Hijra, 691/692 unserer Zeitrechnung, unter dem Umaiyaden Abd al-Malik. Er gilt als älteste, schönste und vollkommenste Leistung islamischer Architektur, erstaunlicherweise nirgendwo nachgeahmt in der islamischen Welt.

Dieser allerheiligste Tempelplatz der Juden wurde durch die Römer entheiligt und von den byzantinischen Christen vernachlässigt. Ob er nicht durch die zwölf Jahrhunderte Gottesverehrung der Muslime neu geheiligt wurde? Mit dem Felsendom existiert jedenfalls bereits ein Heiligtum des einen Gottes Abrahams. Ob er in einer erhofften Zeit des Friedens zwischen den drei abrahamischen Religionen nicht ein gemeinsames ökumenisches Heiligtum werden könnte?

Die Spaltung des Islam

Nicht Glaubensstreitigkeiten um die Orthodoxie, sondern **Streitigkeiten um die wahre Nachfolge des Propheten** waren Anlaß zu dem im Koran streng verbotenen ersten muslimischen Bürgerkrieg, ja, zur Krise des urislamischen Gemeindeparadigmas (P I) und zur bis heute bestehenden Spaltung der Umma in **drei »Parteiungen«**:
– die **sunnitische** Partei, welche bis heute die übergroße Mehrheit der Muslime umfaßt, die sich an die »Sunna« und alle vier rechtgeleiteten Kalifen halten wollen;
– die **schiitische**, die »Partei« (*shia*) Alis, des ermordeten Vetters und Schwiegersohns Muhammads, die bis heute die Minderheit (ca. 10%) der Muslime (im Iran, Irak und Libanon) ausmacht und die allein Ali als rechtmäßigen Nachfolger des Propheten anerkennt;
– die **harigitische**, die »Auszügler« (Kharidschiten), die unabhängig von jeglicher Stammes- oder Familienzugehörigkeit nur den besten Muslim

Ungefähr so könnten die muslimischen Reitertrupps ausgesehen haben.

(und sei es ein abessinischer Sklave) als Nachfolger akzeptieren wollen, die lange Zeit mit ihrer puritanischen Ausrichtung den sunnitischen Kalifen erbitterte Kämpfe lieferte und heute nur noch unter den Berbern, in Oman und in Sansibar vertreten ist.

Nach verlustreichen Kämpfen gegen die schiitische Partei, setzt sich die ursprünglich Muhammad feindlich gesinnte mekkanische Familie der **Umaiyaden** durch. Mit ihnen siegt die Mehrheitspartei der Sunniten. Die Umaiyaden verlegen die Residenz des Kalifen nach Damaskus und machen Syrien zur islamischen Vormacht. Der erste der 13 Umaiyaden-Kalifen, Muawiya, einigt die arabischen Stämme und etabliert anstelle der arabischen Stammesföderation einen zentralisierten und bürokratisierten Staat mit Armee, Kanzlei, Post- und Nachrichtendienst.

Das arabische Reich der Umaiyaden: die Zweite Expansion

So setzt sich an Stelle des urislamischen Gemeindeparadigmas ein **monarchisches arabisches Reichsparadigma (P II)** durch. Die Nachfolge des »Stellvertreters Gottes« (nicht nur des Propheten!) wird durch das dynastische Prinzip geregelt: die Kalifenwürde wird erblich. Vom zweiten großen Kalifen der Umaiyaden-Dynastie, Abd al-Malik, dem Erbauer des Felsendoms, wird statt des Griechischen das Arabische als Amtssprache eingeführt. Das ganze öffentliche Leben – von der Währung über das geltende Gewohnheitsrecht bis zur Kunst – wird soweit wie möglich islamisiert: Demonstration des Triumphes des Islam über das christliche Byzanz!

Ein hervorragendes Beispiel stellt die große Moschee des Umaiyaden-Kalifen Walid, Sohn des Felsendomerbauers, in Damaskus dar. Hier kann man sehen, was Islamisierung der weitgehend von Byzanz übernommenen Architektur und Mosaikkunst bedeutet: Häuser und Landschaften werden in den Vordergrund gerückt, dafür aber alle Engel-, Menschen- und Tierbilder ersetzt durch florale und geometrische Figuren. Die neue arabische Schriftornamentik und Keramikkunst werden – zusammen mit der Stukkatur – die wichtigsten Kennzeichen der islamischen Kunst.

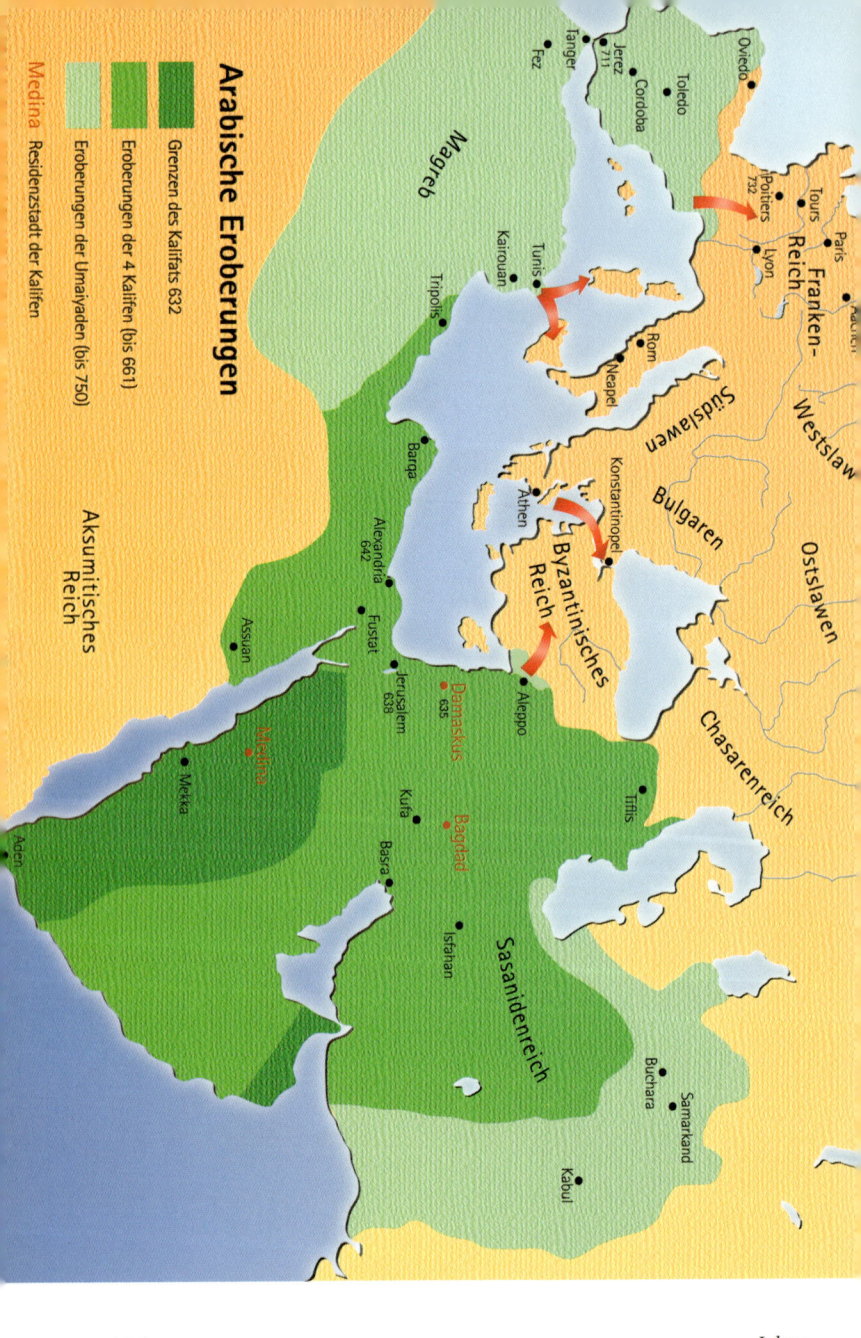

Arabische Eroberungen

- Grenzen des Kalifats 632
- Eroberungen der 4 Kalifen (bis 661)
- Eroberungen der Umaijaden (bis 750)

Medina Residenzstadt der Kalifen

Fez · Tanger · Jerez 711 · Cordoba · Toledo · Oviedo · Paris · Tours · Poitiers 732 · Lyon · Frankenreich · Westslaw · Ostslaw · Südslawen · Bulgaren · Chasarenreich · Maghreb · Kairouan · Tunis · Tripolis · Rom · Neapel · Barqa · Athen · Konstantinopel · Byzantinisches Reich · Alexandria 642 · Fustat · Jerusalem 638 · Aleppo · Damaskus 635 · Tiflis · Assuan · Medina · Mekka · Kufa · Bagdad · Basra · Isfahan · Buchara · Samarkand · Kabul · Sasanidenreich · Aden · Aksumitisches Reich

166 Islam

Doch kein dynastisches Prinzip und keine zentrale Gewalt vermag die Oppositionspartei innerhalb des arabischen Reichsparadigmas, die Partei Alis, die späteren **Schiiten**, davon abzubringen, an Ali und vor allem an dessen jüngerem Sohn, dem Prophetenenkel Husain unerschüttert festzuhalten. Ein zweiter Bürgerkrieg, bei dem Husain in Kerbela umkommt, verstärkt die Spaltung der Umma und läßt Husain zum Gegenstand eines im Islam einzigartigen Märtyrerkults werden. Die Schia wird so im Islam zu einer eigenen Konfession, für die Ali der eine wahre Kalif und Husain ihr Erzzeuge ist. Ja, die Leidensgeschichten, Passionsspiele und der zum Teil blutige Märtyrerkult (mit Selbstverletzungen und Geißelungen) spielen bis heute im schiitischen Bereich eine wichtige Rolle. Statt der erblichen Kalifendynastie der Umaiyaden akzeptiert man nur die **Nachfolge der Imame** (geistlichen Oberhäupter) von denen der letzte, verschollen, eines Tages wiederkommen soll.

Die Umaiyaden lösen eine **zweite große Eroberungswelle** aus, nach Westen wie nach Osten. Keine hundert Jahre nach dem Tod des Propheten erstreckt sich das arabische Reich der Umaiyaden (661-750) von Indien und der Grenze Chinas bis nach Marokko und Spanien, vom Himalaja bis zu den Pyrenäen. In der Geschichte der Religionen gibt es keinen Siegeszug, der so schnell, so weitreichend und zugleich so nachhaltig und dauerhaft ablief – Anlaß muslimischen Stolzes bis heute.

Überall an den islamischen Reichsgrenzen gab es befestigte Stützpunkte. Da lebten ordensähnlich die Glaubenskämpfer in »Ribats«. Eine seltsame Verbindung von Militärdienst und strenger religiöser Praxis, wie sie später auch die christlichen Kreuz- oder Ordensritter charakterisiert.

Religion und Gewalt

Schon früh gründeten die Araber dieser ganzen nordafrikanischen Küste entlang in strategisch günstiger Lage wie hier Wehrklöster nach dem Vorbild byzantinischer Klosterfestungen. Das Ribat, das Wehrkloster von Monastir, hat den Namen vom griechischen

»monasterion«, Kloster, eine der ältesten und imposantesten Festungsanlagen der Muslime in Nordafrika. Von hier aus führten sie ihre Kriege gegen das nahe christliche Sizilien. Aber ich möchte keinesfalls den Eindruck erwecken, als ob es Glaubenskriege nur im Islam gegeben hätte. Glaubenskriege gab es auch im Judentum im Namen Gottes. Natürlich im Christentum die Kreuzzüge und auch die kolonialen Eroberungen und Missionierungen beinahe der ganzen islamischen Welt: ein Trauma für die Muslime bis heute!

In allen Religionen stellt sich das Problem von **Gewalt**. In allen Religionen gibt es Gewalt. Besonders aber gibt es Gewalt in den **prophetischen Religionen**, die nach außen orientiert sind, aktiv, kämpferisch, missionarisch. Und besonders gibt es Gewalt im **Islam**, weil eben Muhammad selber schon nicht nur Prophet, sondern auch – worauf die Muslime stolz sind – ein erfolgreicher General war.

Und bis heute wird natürlich der Koran zitiert mit seinen Aufforderungen zum **»Djihad«**. Aber Djihad sollte man **nicht** mit **»heiligem Krieg«** übersetzen. Djihad meint wörtlich »Anstrengung«: moralische Anstrengung für Gott, gegen die eigene Unvollkommenheit. Und nur im äußersten Fall soll nach der Auffassung vieler Muslime dieses **»Sichabmühen auf dem Weg zu Gott«** verstanden werden als eine **»Verpflichtung zum Kampf gegen die ungläubigen Feinde«**.

Die »Wende« der Abbasiden

Nach einem Jahrhundert mächtiger Expansion gerät das **Reich der Araber** in eine lebensgefährliche **Krise**. Zu groß der Gegensatz zwischen den arabischen Muslimen und den benachteiligten nicht-arabischen Neu-Muslimen! Gerade im Namen des Islam stellen diese die Araberherrschaft in Frage. Alles drängt hin auf eine **Revolution**.

Islamisches Wehrkloster: das Ribat von Monastir.

Es sind die **Abbasiden**, Nachkommen des Prophetenonkels Abbas, welche 750 gewaltsam »die Wende« (*daula*) herbeiführen: Erneuerung des Reiches nicht auf arabischer, sondern islamischer Basis. Statt eines rein arabischen Imperiums wird jetzt das Imperium aller Muslime propagiert und etabliert. Der Wechsel in die neue Hauptstadt Bagdad ist symptomatisch für den Paradigmenwechsel zum **klassischen islamischen Weltreligionsparadigma** (Paradigma III): Bagdad – eine Vielvölkerstadt in einem Vielvölkerstaat.

Der **Islam** ist unter den Abbasiden (750-1258) jetzt nicht mehr eine nur arabische, sondern eine alle Völker umgreifende **universale Religion**. Statt der überlieferten arabischen Stammesloyalität gilt jetzt die universale islamische Ordnung und Bruderschaft. Alle Unterschiede zwischen Arabern und Nicht-Arabern sollen wegfallen, wobei aber die Kalifen selber als »Stellvertreter Gottes« und »Fürsten der Gläubigen« erst recht als souveräne Herrscher über Volk und auch Aristokratie hinausgehoben werden. Ihr Absolutismus und Luxus sollte den der Umaiyaden bald übertreffen.

Nur noch bescheidene monumentale Zeugen dieser Epoche sind die Kalifenpaläste und das spiralförmige Minarett der Großen Moschee der zeitweiligen Abbasidenresidenz Samarra; ebenso die im abbasidischen »Reichsstil« erbaute Moschee des türkischen Gouverneurs Ibn Tulun in Kairo mit ebenfalls spiralförmigem Minarett.

Der klassische Islam

Die frühe Abbasidenzeit – und gleichzeitig im maurischen Spanien die Herrschaft der dorthin geflohenen Umaiyaden von Cordoba – gilt bis heute als die Epoche, in welcher der **Islam** seine **klassische Form** erreicht: Arabien ist jetzt wirtschaftlich und politisch peripher, zentral ist Mesopotamien, stark der Einfluß Persiens.

Der Islam ist jetzt eine **Weltreligion** im eigentlichen Sinn. Im Rahmen dieses Weltreligionsparadigmas (P III) gestaltet sich eine spezifisch **islamische Kultur** aus: Begründet auf dem klassischen Arabisch, auf persischer Lebensart und hellenistischer Philosophie und Wissenschaft, ist sie der frühmittelalterlichen Kultur des christlichen Europas weit voraus. Schon Jahrhunderte vor der Entfaltung des römischen Kirchenrechts und der scholastischen Theologie entwickelt sich die islamische Rechtswissenschaft und dann die theologische Scholastik – beide bücherreich.

Islamisches Recht

In der frühen Abbasidenzeit formt sich das klassische **islamische Recht** (*fiqh*). Damals setzen sich die strengeren »Traditionarier«, die sich für jede Frage auf irgendeine mündliche Prophetenüberlieferung, die höhere »Sunna des Propheten«, berufen, im Prinzip gegen die freieren alten Rechtsschulen durch .

Mit der Zeit formieren sich die bis heute bestehenden **vier klassischen Rechtsschulen**: die strenge malikitische (später auch die hanbalitische) und die großzügigere hanafitische, schließlich die vermittelnde shafiitische. Shafii vor allem sorgt dafür, daß die Tradition zum Universalprinzip erhoben wird, was auf längere Sicht Unbeweglichkeit und Starrheit zur

Folge haben muß. Erst jetzt wird das Religionsgesetz, die **Scharia**, jene Gesamtheit der kanonischen Gesetzesvorschriften, umfassend ausgestaltet und durchstrukturiert. Für traditionell denkende Muslime ist sie bis heute maßgebend.

Islamische Theologie

Die islamische Theologie (*kalam*) ist gegenüber dem sakralen Recht zweitrangig, doch erreicht sie in der Abbasidenzeit ebenfalls ihre klassische Form. Eine Schultheologie oder Scholastik entsteht, die sich alle Mühe gibt, das Wesen des Islam der Vernunft gemäß zu erklären.

Nach dem islamischen Bürgerkrieg zwischen den beiden Söhnen Harun al-Rashids und dem Sieg des jüngeren, al-Mamun, scheint sich ein rationales Verständnis der Transzendenz Gottes, der menschlichen Willensfreiheit und vor allem der **Geschaffenheit des Koran** durchzusetzen. Früher hatte man gesagt, der Koran sei weder Schöpfer noch geschaffen. Jetzt aber produziert die prononcierte These von der Geschaffenheit des Koran (da nichts Gott gleich sei) die scharfe Gegenthese, der **Koran sei »unerschaffen«, »ewig«, »vollkommen«**. Und selbst die vom Kalifen Mamun angewandten inquisitorischen Mittel helfen nichts. Am Ende der großen Auseinandersetzung zwischen rationaler Theologie und Traditionswissenschaft um den Vorrang von Offenbarung (Koran und Sunna) oder Vernunft (Philosophie) siegt wie in der Rechtswissenschaft so auch in der Theologie das Traditionsprinzip der Hadith-Gelehrten.

Was im 9. Jahrhundert der große Rechtsgelehrte Shafii im islamischen Recht bewirkt hat, das bewirkt im 10. Jahrhundert der große Theologe Ashari in der islamischen Theologie: Er begründet und entfaltet die **Position der Traditionsbewahrer mit der rationalen Argumentation** der damaligen »Modernen« – nicht unähnlich der Methode des Thomas von Aquin im 13. Jahrhundert, der die traditionelle Theologie Augustins mit den Mitteln der »modernen« aristotelischen Philosophie untermauerte und differenzierte.

Natürlich stellt sich einem die Frage nach dem Verhältnis von **Schrift und Tradition**. Juden kennen Tora **und** Talmud, viele Christen sind auf

Schrift **und** Tradition verpflichtet. Und für Muslime gilt: Koran **und** Sunna stehen jetzt faktisch **gleichberechtigt nebeneinander**. Man fragt sich: Wird so die »Sunna des Propheten« dem Koran als Quelle von Jurisprudenz und Theologie nicht faktisch übergeordnet? Und kommt es nicht gerade so zur Versteinerung und Verabsolutierung der Tradition, die jeglichen Fortschritt verhindert?

Ein kalifenloses islamisches Paradigma?

Das abbasidische Imperium bricht nach zwei Jahrhunderten auseinander: eine Krise des Kalifats, Revolte des Militärs, Korruption der Bürokratie, Niedergang der Wirtschaft. Seit 945 gibt es faktisch kein Imperium mehr, schon drei Jahrhunderte vor dem alles auslöschenden Mongolensturm, als 1258 Bagdad erobert wird und mit dem **letzten Kalifen die abbasidische Dynastie definitiv untergeht**. Seither fehlt im Islam eine allgemein anerkannte zentrale politische Autorität und ein Symbol der Einheit.

Was folgt, ist die **Regionalisierung**: Kleine Staaten entstehen ohne zentrale Regierung und bürokratische Eliten; statt dessen die Herrschaft von Militärführern, Großgrundbesitzern, Sultanen. Ende des 11. Jahrhunderts können sich die christlichen Kreuzritter sogar für ein Jahrhundert in Palästina und Syrien festsetzen und ein Königtum Jerusalem errichten, das aber 1187 von Saladin zurückerobert wird, jenem Sultan von Ägypten und Syrien, der auch im christlichen Abendland hohe Achtung genießt und der später zum weisen Repräsentanten des Islam in Lessings Schauspiel »Nathan der Weise« wird.

Tunis: Die Lehrstätten des Islam

Die neue kalifenlose Zeit hätte der Islam wohl kaum überlebt ohne die islamischen Religionsgelehrten, die **Ulama**, wie sie besonders an der **Zitouna von Tunis** tätig waren. Diese Ölbaummoschee (*Djama ez Zitouna*, auch »Große Moschee« genannt) ist das bedeutendste Heiligtum Tunesiens nach der Sidi Oqba Moschee von Kairouan. Bereits 732 war hier unter den Umaiyaden ein bescheidenes Gotteshaus gebaut worden. 864 wurde

Bedeutende Lehrstätte des Islam: die Zitouna, die Ölbaummoschee, von Tunis.

unter den Aghlabiden (Emire von der Abbasiden Gnaden) eine völlig neue Moschee erbaut, die unter den Hafsiden zwischen dem 13. und 15. Jahrhundert zu einem Hochschulkomplex mit zahlreichen Nebenbauten erweitert wurde. In dieser Zeit entwickelte sich die Zitouna zur angesehensten theologischen und juristischen Lehrstätte des Islam neben der **Al Azhar von Kairo** und der **Qarawiyin von Fès** in Marokko.

In oder bei jeder Moschee ist Gelegenheit zu **rituellen Waschungen**, zur Reinigung von Verunreinigung durch Notdurft, Geschlechtsverkehr, Menstruation, auch Schlaf: Waschen des Gesichts, der Hände, Unterarme und Füße; wo kein Wasser vorhanden ist, genügt Sand. Nur so ist man auf das Gebet vorbereitet. So lehren es die Religionsgelehrten, die Ulama.

Die Macht der Ulama

Diese Gelehrten des Koran und der Sunna, konkret des Hadith, der Prophetensprüche und -taten, haben jetzt in religiösen Angelegenheiten eine autonome Autorität. Diese Juristen-Theologen ersetzen in Staatsangelegenheiten natürlich nicht die Autorität des Herrschers. Wohl aber beanspruchen sie bis heute eine Autorität in allen religiösen Fragen, weil diese ja nur von Koran und Sunna aus richtig beurteilt werden können. Anstelle des früheren sakralen Regimes unter einem religiös wie politisch bestimmenden »Stellvertreter Gottes« tritt zunehmend eine Trennung von staatlichen und religiösen Eliten und Institutionen.

Ihre **Autorität** können **die Ulama** jetzt auch unter fremden Regimen in einer völlig neuen kaliflosen Konstellation (Paradigma IV) wesentlich verstärken: durch Kaderschulung in Rechtsschulen,

Auch in der Zitouna allüberragend: das Minarett.

durch religiöse Gemeinschaftsbildung (mit Händlern, Handwerkern usw.) und durch ein internationales Kommunikationsnetz. Noch mehr als früher beeinflußt jetzt ihre Interpretation von Koran und Sunna das gesamte religiöse und weltliche Leben. Neue Organisationsform (auch architektonisch) sind die Madrasen, welche die höheren islamischen Bildungsstätten werden: Moschee, Rechtsschule und theologisches Seminar in einem. Zugleich sind sie Zentren caritativer, erzieherischer und religiöser Dienste, aber unter Umständen auch politisch-religiöser Propaganda und Agitation, die leicht Massen mobilisieren können.

Wie eh und je wird hier der Koran studiert und gemeinsam rhythmisch rezitiert. Und wer immer nach dem Untergang des Kalifats politisch an der Macht ist: Religiös, ethisch und rechtlich richten sich die Massen der Muslime weniger nach »Kalifen« und Sultanen als nach den Ulama und auch nach den Mystikern und deren Ordensgemeinschaften.

Der mystische Pfad der Sufis

Immer mehr Muslime und Muslimas waren unbefriedigt vom allzu nüchternen Gesetzesstudium und Gesetzestum der Ulama. Lieber folgten sie dem mystischen Pfad. »**Mystiker**«, arabisch »**Sufis**« genannt, waren ursprünglich einfach **Asketen**. Gekleidet waren sie in ein Bußgewand aus grober Wolle, arabisch »suf«, wie dies schon bei christlichen Mönchen üblich war. Oft wurden sie auch die »Armen« genannt: der »Arme« heißt im Arabischen faqir, im Persischen darwesh, wovon die deutschen Worte Fakir und Derwisch stammen. Es waren Einzelpersonen, Männer und Frauen; oft waren darunter die bestehende Gesellschaft verachtende und provozierende Aussteiger oder auch aktive Glaubenskämpfer in den muslimischen Grenzsiedlungen.

Mystik im eigentlichen Sinn jedoch meint mehr als Askese, meint ein Streben nach direkter innerer Erfahrung von Gottes Wirklichkeit. Mystik ist nicht ur-islamisch. Es gibt sie vielmehr erst seit dem späten 9. Jahrhundert, der Abbasidenzeit, bei einzelnen »Freunden Gottes«, die damals noch ein gesellschaftliches Randphänomen bilden. Nicht die Traurigkeit des asketischen Verzichts wird von ihnen gepflegt, sondern Freude, Liebe,

Sufis: Musik stärkt die Brüderlichkeit und weckt die Gottesliebe.

Vereinigung mit Gott und Bleiben in Gott zelebriert! Und was kann dabei helfen und was kann wichtiger sein als Gesetzesstudium und genaue Gesetzesbeobachtung?

– Zunächst einmal **Musik**: So wird Brüderlichkeit gepflegt und das Gefühl der Gottesliebe geweckt und gesteigert.

– Dann der **ritualisierte Tanz**: Durch sich intensivierende Bewegung soll die innere Ergriffenheit zum Ausdruck kommen bis hin zur Trance.

– Und bei all dem am wichtigsten das **Gedenken Gottes**, der »Dhikr Allah«: Unaufhörlich wird Allah angerufen und seine vielen Namen, wird seine Größe und Ewigkeit litaneiartig gepriesen.

Alles in allem ein Weg des einzelnen Gläubigen vom islamischen Gesetz (*sharia*) auf dem mystischen Pfad (*tariqa*) hin zur Wahrheit (*haqiqa*), zu Gott: ein inneres Verständnis der Religion, eine starke psychologisch orientierte »Wissenschaft vom Inneren«, eine »Lehre von Werken des Herzens«. Die völlige Einheit mit Gott freilich, gar Selbstvergottung kommt für Muslime nicht in Frage; diese letzte Grenze zwischen Mensch und Gott darf nicht überschritten werden, der Respekt vor Gottes Transzendenz nicht verlorengehen. Wohl aber darf Gemeinschaft mit Gott angestrebt werden, um in der Welt ein Leben aus Gott zu führen. So soll das egoistische Streben des Menschen vom Feuer der göttlichen Liebe verwandelt werden.

Der Asket, der als arm, *faqir*, vor Gott gilt, vollzieht asketische Übungen, demonstriert manchmal allerdings auch Messerkünste und Giftschlucken, was einen westlichen Beobachter eher an Jahrmarktattraktionen als an »Wunder« erinnert. Mystischer Hintergrund ist der Gedanke, daß der von Gottes Kraft erfüllte Mensch gegenüber körperlichen Schmerzen unempfindlich werden kann, ja, über wunderwirkende Fähigkeiten verfügt.

Sufismus als Massenbewegung

Erst vom 10. bis 14. Jahrhundert besonders in der kalifenlosen Konstellation entwickelt sich die Sufi-Bewegung zu einer Massenbewegung mit eigener Theologie, eigenen religiösen Praktiken und Institutionen. Jetzt bilden sich eigentliche sufische Bruderschaften. **Unter einem Scheich** als geistlichem Führer sind sie **ordensmäßig organisiert**, mit Ordensregeln, Ordensoberen, Ordenstracht, auch manchmal Ordensstreitigkeiten. Auf vielen Gebieten überflügeln diese Bruderschaften die Gesetzesschulen. Nach dem Modell der Ribats werden überall sozialcaritativ und missionarisch tätige Sufi-Zentren (Hospiz, Lodge) gebildet, oft ein ganzes Netzwerk. Indien, Indonesien, Schwarzafrika

Ritualisierter Tanz bis zur Trance: Ausdruck der Ergriffenheit.

Islam

und Albanien sind in dieser Zeit weithin von Sufi-Predigern islamisiert worden.

Die Sufis, die normalerweise einen Beruf ausüben und eine Familie besitzen, sind im 13. Jahrhundert anstelle der Schuljuristen zu den am meisten geachteten Führern des Volkes aufgerückt. Und selbst wer nicht Mitglied des Ordens ist, fühlt sich mit ihnen oft lose verbunden und feiert jedenfalls das große Jahresfest (*urs*) des Ordensstifters mit, um dessen Segen zu erhalten. Alljährlich treffen sich gerade in Tunesien die Sippen bei ihrem »Marabut« (vom arabischen *murabit* – »Ribat-Bewohner«, »Grenzkämpfer«, »Einsiedler«, »Asket«), womit der dort begrabene Heilige wie sein meist abseits gelegenes weißes Grabmahl oder seine Gedenkstätte gemeint sein können. Dort erwarten sie in oft magischer Weise geistigen und materiellen Segen (*baraka*). Der Kult am Grab des Heiligen wird zum Hauptvehikel der Sufi-Gestalt des Islam. Viele Ulama sind nun auch zugleich Sufi. In der Tat, das kalifenlose **Ulama-Sufi-Paradigma** (P IV) ist jetzt solide etabliert.

Marabut: Grabmal oder Gedenkstätte eines Heiligen.

Statt Vernunftreligion Herzensreligion?

Jede Religion muß einiges dulden, was sie am Anfang abgelehnt hat. Sogar der Islam, ganz auf den einen Gott konzentriert, duldet bis heute die **Verehrung von Heiligen**, deren Grabstätten und Denkmäler sich sogar hier in der Sahara finden. Die nüchterne **Frömmigkeit** der Gesetzeslehrer, die tagtäglich über Sunna und Koran reflektieren, kann das religiöse Bedürfnis nach **Erleben** kaum befriedigen. Religion sollte ja nicht nur den Kopf, den Verstand, sondern soll auch das **Herz**, das Gemüt ansprechen.

Natürlich kann eine solche Herzensreligion sich leicht verlieren in Irrationalismus, Aberglauben, Wundersucht. Und eine Religion, die nicht auch verstanden, durchdacht, gelehrt werden kann, taugt nicht viel. Allerdings soll Religion nicht nur eine intellektuelle Elite ansprechen, sondern auf die **religiösen Bedürfnisse des Volkes** eingehen. Und der Sufismus tut das durch Poesie, Gesang, Musik, Tanz und Fest.

Freilich: Die **Kritik** an sufischer Heiligenverehrung, Musikveranstaltungen, auch Magie, oft übernommen aus heidnischen Kulten, war seit dem Mittelalter immer wieder laut geworden. Islamische Reformer forderten die Rückkehr zum reinen Islam. Und die politischen Machthaber fürchteten oft den Einfluß der Sufi-Orden. Denn manche sufische »Heilige« und Führer spielten in der Politik eine nicht gerade erfreuliche Rolle. So versteht sich auch, daß die Sufi-Orden mancherorts zurückgedrängt wurden und daß Atatürk, der Vater der modernen Türkei, die religiös wie politisch reaktionären Derwisch-Orden, Sufi-Orden, geradezu verbot.

Konfrontation Islam – Moderne

Der Islam hat bisher schon eine ganze Reihe von Paradigmenwechseln durchgemacht und bestanden. Wie aber wird er mit der neuen **modernen Konstellation** (Paradigma V) fertig werden? Das europäische »Zeitalter der Entdeckungen« hat Auswirkungen auch auf die islamische Welt. Die seit dem 16. Jahrhundert entstandenen **drei islamischen Großreiche** können sich den eindringenden europäischen Mächten nicht einfach verschließen:

– In **Indien** sieht sich das **Mogulreich** konfrontiert mit der schrittweisen Eroberung Indiens durch die Briten (mehr Muslime leben auf dem indischen Subkontinent als in den arabischen Staaten). Ähnlich die Besitzergreifung Indonesiens durch die Niederländer.

– In **Persien** macht das **schiitische Safawidenreich** eine erste (erfolglose) Modernisierung im 19. Jahrhundert unter den Qajaren durch und gerät unter den bestimmenden Einfluß Rußlands und Englands.

Blaue Moschee und Sultan-Ahmet-Moschee (rechts): Symbole vergangener Macht oder muslimischen Neuerwachens?

– Die **Türkei** bildet das Zentrum des **sunnitischen Osmanenreichs**, die islamische Vormacht schlechthin gegenüber den christlichen Nationen und ein gewaltiges Imperium, das auch Ägypten, Arabien und den Balkan umfaßt und das sich in Istanbul in Moscheen beispielloser Zahl, Größe und Pracht manifestiert. Nicht übersehen werden kann indessen die geopolitische Veränderung: Die Entdeckung Amerikas und Umschiffung Afrikas machen das Mittelmeer, die Handelsgroßmacht Ägypten und den Orienthandel durch Persien und das Osmanische Reich zweitrangig. Billiges Silber aus Südamerika erschüttert die Währung.

Identitätskrise des Islam

Selbst das mächtige Osmanenreich gerät so seit dem 17.Jahrhundert in die Defensive. Allenthalben **dringt die europäische Moderne vor**: mit Verkehr, Wissenschaft, Technologie, mit Industrie und auch Demokratie. So werden die europäischen Mächte in jeder Hinsicht ungehindert immer stärker und die Osmanen immer schwächer: wirtschaftlich, politisch, militärisch. Unaufhaltsam scheint dieser Prozeß der europäischen Modernisierung und Säkularisierung.

Und allzu lange vertrauen die selbstbewußten islamischen Herrscher auf die ihnen von Gott gegebene Macht über die Erde. Sie versäumen, die technischen und geistigen Veränderungen in Europa ernst zu nehmen. Unter dem Einfluß traditionalistischer Ulama und reaktionärer Sufis droht auch im Osmanischen Reich das **geistig-soziale Leben zu erstarren**.

Islam

Gewiß: Groß war durch die Jahrhunderte die Integrationskraft des Islam und die Kompaktheit seines Glaubens. Lange ungebremst seine Expansion: eine einzigartige, imponierende Geschichte der Sieger und der Siege, von der die riesigen Moscheen in Istanbul Zeugnis geben.

Aber: Schon im 19. Jahrhundert ist der politische Zerfall des Osmanischen Reiches offenkundig und damit auch die **Identitätskrise des Islam**: Ein Gefühl der Machtlosigkeit und der Entfremdung breitet sich aus, ein Verlust muslimischen Selbstbewußtseins und Würde. Zwar ist die muslimisch umgestaltete Hagia Sophia noch immer ein Zeichen des Sieges des Islam über das Christentum, aber schon im 19. Jahrhundert spottet man in Europa über den »kranken Mann am Bosporus«.

Modernisierung und Säkularisierung: Atatürk

Zweifellos haben die türkischen Sultane – ähnlich wie nach Napoleons Abzug der Albaner Muhammad Ali in Ägypten mit europäischem Kapital und Beraterhilfe – im 19. Jahrhundert erhebliche Modernisierungsversuche unternommen. Aber die Reformen von Armee, Verwaltung, Wirtschaft und Rechtswesen kommen auch im 19. Jahrhundert nicht voran. Zu Beginn des **20. Jahrhunderts** aber haben die Kolonialmächte Frankreich, England, Holland und Italien ganz Nordafrika, den Nahen Osten, Persien, Indien und Indonesien unter ihrer Kontrolle.

Dolmabahce, das am Bosporus neu erbaute prächtige »Versailles« von Istanbul, wird jetzt für die letzten Sultane zum Zeichen ihrer schwindenden Macht und des revolutionären Umbruchs im Volk. Denn der **Erste Weltkrieg** treibt das Osmanische Reich in den Untergang. Nach der Kapitulation 1918 wird das Sultanat aufgehoben. Fünf Jahre später ruft Mustafa Kemal die **türkische Republik** aus. Seitdem residiert er, bald **Atatürk**, der »Vater der Türken«, genannt, im Dolmabahce-Palast als Präsident der Republik. Er verbannt den Sultan und verlegt die Hauptstadt vom Bosporus ins Zentrum Anatoliens, nach Ankara. Tiefgreifende Reformen werden sofort initiiert: Trennung von Staat und Religion, Europäisierung von Verwaltung und Rechtswesen, von Bildung, Schrift und Kleidung.

Dolmabahce, das »Versailles« von Istanbul: Zeichen schwindender Macht der letzten Sultane.

Der Erste Weltkrieg bringt für den Islam überhaupt den großen politischen Umbruch. Der arabische Nahe Osten wird nicht vereint, sondern aufgeteilt: europäische »Mandatsgebiete« und Königreiche in Transjordanien und im Irak. In Arabien ein Königreich unter der wahhabitischen Saudi-Familie, die gegen den Sufismus zu einem ursprünglich-reinen Islam zurückstrebt und so den konservativ-islamischen Gegenpol zur Türkei bildet. Als Kemal Atatürk 1938 stirbt, scheint die Türkei als eine säkulare Republik solide etabliert zu sein. Besonders die rechtliche Gleichstellung der Frau ist mächtig vorangetrieben worden.

Istanbul: Zwischen Tschador und westlichem Outfit

Gebildete Muslimas, die ihren Koran kennen, machen zu Recht geltend, daß der Koran den Frauen eine bessere Stellung zubilligt als das später entstandene Sakralrecht, die Scharia. Tatsächlich hat der Koran die Stellung der Frau gegenüber der im vorislamischen Arabien in vielfacher Hinsicht verbessert: Gleichstellung von Mann und Frau vor Gott, Verständnis und Liebe beider Ehepartner, Recht der Frau auf Eigentum, einschränkende Bedingungen für Mehrehe und Scheidung, Verbot der Aussetzung oder Tötung neugeborener Mädchen.

Doch nicht verschwiegen werden darf: Auch schon der Koran fordert (nicht unähnlich der Bibel) die Unterwerfung der Frau unter den Willen des Mannes und billigt diesem (anders als die Bibel) im Fall hartnäckigen Ungehorsams der Frau sogar Stockschläge zu. In Ehe-, Familien- und Erbrecht und vor Gericht, überall ist die Frau eindeutig benachteiligt. Doch erst seit der Abbasidenzeit wurde der Schleier üblich wie auch die Verbannung der Frau aus der Öffentlichkeit.

Im 20. Jahrhundert sind in der Türkei **Reformen** (wie in Tunesien oder in Ägypten) durchgeführt worden: Das türkische Wahlrecht hat die Teilnahme der Frauen am politischen Leben gesetzlich verankert. Neuerdings dürfen Frauen auch in der Moschee beim Freitagsgebet und bei Beerdigungen mitbeten. In Universitäten, Banken, Zeitungsredaktionen, Werbeagenturen bilden sie oft die Mehrheit. Nur ihre rechtliche Gleichstellung hinkt hinterdrein. Für eine Berufstätigkeit braucht die Ehefrau noch immer die Zustimmung des »Familienoberhauptes«. Aber eigenes Einkommen und Bildung verschaffen den Frauen immer mehr Unabhängigkeit. Und Massenmedien, Bildung und wirtschaftliche Entwicklung nivellieren immer mehr die Unterschiede zwischen den westlich orientierten Frauen in Istanbul und den Frauen in den anatolischen Städten und Dörfern, deren an Universitäten ausgebildete Töchter sich ganz selbstverständlich in ihrer äußeren Erscheinung an westlichen Formen orientieren.

Für oder gegen Kopftuch?

Daß gerade heute wieder junge Frauen ein Kopftuch tragen wollen, verwundert, braucht aber nicht unbedingt Zeichen der Rückständigkeit zu sein. Übrigens ist es auch ein dogmatischer Standpunkt, wenn überzeugte Säkularisten in Frankreich oder in der Türkei das öffentliche Leben von allen religiösen Symbolen gesäubert haben wollen.

Manche islamische Frauen kämpften und **kämpfen gegen das Kopftuch**, das ihnen ihre Gleichberechtigung in der Gesellschaft zu bedrohen scheint. Sie wollen nicht, daß die Religion wieder ein Regelsystem wird, das bis ins letzte Detail des Lebens eingreift und durchgreift. Sie wollen nicht, daß der Islam alles beherrscht, von der Ökonomie und Politik über die Kultur bis zur persönlichen Lebensgestaltung. Geistig-moralische Orientierung ja, kleinliche Reglementierung nein.

Aber manche gebildete jüngere Frauen tragen **bewußt das Kopftuch**, um so ihre islamische Identität gegenüber westlichen Idealen der Weiblichkeit zum Ausdruck zu bringen. Wie immer: Christliche Kirchen, die noch zu Beginn des dritten Jahrtausends ihren Priestern die Ehe verbieten und den Frauen die Priesterweihe und die Mädchen nicht einmal zum Altardienst zulassen wollen, sind am wenigsten befugt, die angebliche Frauenfeindlichkeit des Islam zu kritisieren.

Manche muslimische Frauen lehnen das Kopftuch ab als Symbol der Unterdrückung, andere tragen es bewußt als Zeichen islamischer Identität.

Neuerwachen des Islam: Zweifel am modernen Paradigma

Eines jedenfalls hätte der europagläubige Atatürk nie erwartet: ein Neuerwachen des Islam, wie es sich nach dem **Zweiten Weltkrieg** vollzogen hat. Die entscheidenden Faktoren sind bekannt:
– die **politische Befreiung** der islamischen Länder von der Kolonialherrschaft in den fünfziger und sechziger Jahren
– und in den siebziger Jahren die militärisch-ökonomischen Erfolge seit dem arabisch-israelischen Krieg, dem Ölembargo und dem Sieg Ajatollah Khomeinis über Schah und USA 1979.

Aber nicht weniger folgenreich als dieses gesteigerte Selbst- und Machtbewußtsein war schließlich die **Enttäuschung über den Westen**: seine Krisen, seine einseitige Parteinahme für Israel, seine Unmoral und Gottlosigkeit.

Das islamische Erwachen (wie es bereits im 19. Jahrhundert islamische Reformer Jamaleddin al-Afghani etwa gegenüber dem europäischen Kolonialismus forderten) darf also nicht nur als eine militante politische Reaktion auf den westlichen Kolonialismus und Imperialismus angesehen werden. Auch nicht nur als beängstigend ambivalenter Indikator der wenig erfolgreichen westlichen Entwicklungspolitik durch Technologietransfer. Oder gar nur als reaktionär-religiöser Rückfluß der vergebens anbrandenden revolutionär-säkularen Welle.

Es geht hier um grundlegende **Zweifel am modernen Paradigma**, die ja heute auch in Europa und Amerika weit verbreitet sind. Deshalb sehen heute »islamistisch« orientierte Muslime und Muslimas im islamischen Staat die große religiös-politische Alternative zum säkularen Staat Atatürks. Angesichts des weitverbreiteten religions- und morallosen Materialismus im Westen wie im Osten suchen sie eine neue geistige Basis für Wirtschaft, Kultur und Gesellschaft durch den Glauben an den einen Gott (*tawhid*) in Unterwerfung (*islam*) unter seinen Willen, unter seine Gebote. Andere aber, »laizistisch« denkend, fordern mehr denn je eine radikale Trennung von Religion und Politik. Angesichts der islamistischen wie der säkularistischen Position stellt sich für die Zukunft die Grundfrage:

Ist ein reformierter nach-moderner Islam möglich?

In der Türkei bündeln sich die Probleme des Islam wie in einem Brennspiegel. Das Land steckt mitten in einem wirtschaftlichen, politischen, gesellschaftlichen Wandlungsprozeß und ringt um eine demokratische Umgestaltung. Dabei geht es in der Türkei, die immerhin 71 000 Moscheen zählt, zweifellos auch um tiefe moralisch-religiöse Fragen: letztlich um eine Rückbesinnung auf **die Grundlagen der Nation im Islam**, der in der geistigen Lebenswelt dieser Völker tief verwurzelt bleibt. Noch weniger als im »christlichen« Westen hat im Islam der von modernen europäischen Propheten des Atheismus angekündigte »Tod Gottes« stattgefunden.

Und es läßt sich nicht bestreiten, daß die ethischen Imperative des Koran sich zugunsten von mehr Gerechtigkeit, Fairneß, Zurückhaltung, Mäßigung, Mitleid und Vergebung ausgewirkt haben und auswirken können. Dabei verwerfen die islamischen Erneuerer die europäische Moderne keineswegs total. Doch möchten sie in der Modernität die islamische Identität festhalten. Sie möchten zumindest im Prinzip einen Islam leben, der Verwestlichung und totale Säkularisierung ablehnt, aber Entwicklung und Modernisierung akzeptiert.

Wie für das katholische Christentum vor dem Vatikanum II stellt sich deshalb auch für den Islam das Problem von **Religion und Zukunft**: Bleibt der Islam eine nur konservativ-bewahrende oder wird er eine fortschrittlich-befreiende gesellschaftliche Kraft? Wie weit ist eine Erneuerung des Islam, die grundsätzlich zukunftsgerichtet, problembewußt und änderungsbereit sein will, möglich? Wie weit geht eine Änderungsbereitschaft im Blick auf die jetzt beginnende Welt des 21. Jahrhunderts? Soll trotz zum Teil spektakulärer technologischer Modernisierungen der Staat von religiösen Institutionen beherrscht werden, die noch von mittelalterlicher Theologie, mittelalterlichem Recht, mittelalterlicher Gesellschaftsverfaßtheit bestimmt sind?

Wer wird sich durchsetzen?

Ja, wer wird sich – in Rechtswissenschaft und Rechtssprechung, Umma und Staat, Wissenschaft und Gesellschaft – schließlich politisch durchsetzen?

– Sind es die **orthodoxen Traditionalisten**? Sie wollen – unbekümmert um alle Entwicklungen der Wissenschaft, des Rechtes, der Gesellschaft überhaupt – eine **wortwörtliche Anwendung** der religiösen Detailvorschriften der Scharia auf die heutige Wirtschafts- und Gesellschaftsordnung durchsetzen und diese faktisch auf das mittelalterliche Paradigma festlegen.

– Oder sind es die **religiös wie politisch Innovativen**? Sie wollen – mit Blick für die inzwischen vollzogenen Paradigmenwechsel – gegenüber allem Beharren auf der Tradition (*taqlid*) eine Öffnung des seit um 900 geschlossenen Tors der eigenständigen Interpretation (*ijtihad*) bewirken:

Istanbul: Metropole im Spannungsfeld von Tradition und Moderne.

eine »Über-setzung« der Botschaft des Koran ins Heute versuchen, um so eine leistungsfähige Wirtschaft, Wissenschaft und Gesellschaft im Interesse des Wohls der Menschen zu ermöglichen.

Die Türken würden den Islam, der von extremistischen Arabern und Iranern mit Terror befleckt sei, mit einem freundlichen Gesicht in das 21. Jahrhundert tragen, wird manchmal von Türken gesagt. Das ist zu hoffen, setzt aber die unzweideutige islamische Begründung der **universalen Menschenrechte** und die Lösung der Kurdenfrage voraus. Die Menschenrechte fordern nun einmal gebieterisch die rechtliche Gleichstellung sowohl der Frauen wie der Nicht-Muslime. Diesbezüglich fällt die von 40 Mitgliedstaaten der »Organisation der islamischen Konferenz« verabschiedete »Kairoer Erklärung der Menschenrechte im Islam« hinter die Menschenrechtserklärung der Vereinten Nationen von 1948 zurück (so auch bezüglich des Rechts auf körperliche Unversehrtheit).

Wir brauchen Brückenbauer

Steht man vor dieser gewaltigen Hängebrücke über den Bosporus, die früher niemand für möglich gehalten hätte, dieser Brücke zwischen Europa und Asien, Okzident und Orient, alter und neuer Zeit, dann fragt man sich: Was wird wohl die **Zukunft** sein für diese Stadt, diesen Staat voller Gegensätze? Was wird die Zukunft sein für den Islam hier und in anderen Ländern? Wer werden die **Erben** sein dieser 1300jährigen Religion und Kultur?
– Werden es die **Modernisten** und **Säkularisten** sein, die meinen, auf Islam, Religion überhaupt verzichten zu können?
– Oder aber die **Traditionalisten** und **Fundamentalisten**, die mit einer genauen Befolgung der religiösen Schriften meinen, diesen Gesellschaften wieder ein neues geistig-moralisches Fundament geben zu können?

Ich möchte hoffen, daß sich weder die einen noch die anderen voll durchsetzen. Sondern daß diejenigen wieder größeres Gewicht bekommen, die die Substanz des Islam **bewahren** wollen, aber zugleich die Botschaft des Koran **in die heutige Zeit** hinein zu **übersetzen** versuchen. Also weder ein gottloser Säkularismus noch ein weltfremder Fundamentalismus. Vielmehr eine **Religion**, die gerade dem Menschen von heute wieder einen Sinnhorizont, ethische Maßstäbe und eine geistige Heimat zu vermitteln vermag.

Eine Religion jedenfalls, die nicht trennt und spaltet, sondern eine Religion, die verbindet und versöhnt. Denn was unsere Zeit vor allem braucht, sind **Brückenbauer**, Brückenbauer im großen und im kleinen. Brückenbauer, die bei allen Schwierigkeiten, Gegensätzen, Konfrontationen doch das **Gemeinsame** sehen: das Gemeinsame vor allem in den ethischen Werten und Haltungen. Die sich zu diesen gemeinsamen ethischen Werten und Maßstäben bekennen und sie auch zu leben versuchen.

Kein Überleben der Welt ohne ein Weltethos

Solche religiös wie politisch innovativen Brückenbauer gibt es auch im heutigen Islam. Sie setzen sich für einen nach-modernen reformierten Islam ein, der allein den Koran zur Richtlinie nimmt. Humane Werte, Maßstäbe und Haltungen finden sich gerade im Koran, wenngleich sie sich so wenig wie in der Bibel als vorstaatliches Individualrecht (im Sinne des westlichen Verfassungsstaates) durchgesetzt haben. Auf der Grundlage des Koran können Muslime **aus dem Inneren des Islam zu den Menschenrechten** gelangen und sich zugleich einsetzen für ein Weltethos zum Wohl des Weltfriedens und der Weltgerechtigkeit. »Wünsche den Menschen, was du dir selber wünschst, so wirst du ein Muslim«, hat der Prophet Muhammad einmal gesagt und somit der goldenen Regel Ausdruck verliehen.

Wer von uns könnte nicht endlos klagen über all das Leid und Elend dieser Welt. Aber wer von uns könnte bestreiten, daß auch immer wieder Menschen – im großen wie im kleinen – diese zerrissene Welt zum

Verbindung zwischen Europa und Asien: die Bosporus-Brücke.

Besseren verändern können, verändert haben, verändern wollen. Gerade ihnen wollte ich in den sieben Kapiteln dieses Buches Mut machen – nicht mit einer verstiegenen Utopie, vielmehr mit einer realistischen Vision. Ich wiederhole und fasse zusammen, was an Grundsätzen meine Arbeit und die ungezählter Menschen vor Ort bestimmt:

Kein Frieden unter den Nationen ohne Frieden unter den Religionen.
Kein Frieden unter den Religionen ohne Dialog zwischen den Religionen.
Kein Dialog zwischen den Religionen ohne globale ethische Maßstäbe.
Kein Überleben unseres Globus ohne ein globales Ethos, ein Weltethos.

Zur Entstehung

Lord Yehudi Menuhin, der geniale Musiker und Humanist, hat mir, lange Zeit bevor ich mit ihm freundschaftlich verbunden sein durfte, unbeabsichtigt die Idee zu dieser »Spurensuche« vermittelt. Er führte 1979 in begeisternder Weise als Autor und Präsentator einer achtteiligen Fernseh-Serie der Canadian Broadcasting Corporation (CBC) mit dem Titel »The Music of Man« durch das Reich der Musik. Was könnte es Schöneres geben, so dachte ich mir damals, als in ähnlicher Weise durch das **Reich der Religionen** zu führen.

Doch zugleich war ich mir bewußt, daß das Reich der Religionen erheblich **schwieriger** zu erforschen und noch schwieriger darzustellen sei. Yehudi Menuhin brauchte ja nur seine Violine oder seinen Taktstock in die Hände zu nehmen und war so fähig, selbst Unwissenden und vielleicht Unmusikalischen Ohr und Herz zu öffnen für die faszinierende Welt der Musik. Aber wie soll man Ohr und Herz öffnen können für die noch einmal ganz anders geheimnisvolle Welt der Religion?

Im übrigen hatte ich noch unendlich viel zu lernen, bis ich mich an ein solches Abenteuer wagen durfte, wenn es überhaupt je realisiert werden sollte. Es war mir aufgrund günstiger Lebensumstände vergönnt, schon unmittelbar nach dem Zweiten Weltkrieg Europa kennenzulernen. 1955 war ich dann bereits im muslimischen Nordafrika und nur wenige Jahre später auf meiner ersten Reise um die Welt. Unendlich viele Gespräche und Begegnungen, Vorträge und Vorlesungen, Symposien und Kongresse, ja mehrere Semester in Amerika sollten in vier Jahrzehnten folgen, die mir das nötige Erfahrungswissen verschafften, ohne das alles Buchwissen gerade in Sachen Religion abstrakt bleibt.

Doch mußte ich mich vor allem in meiner eigenen Religion, der christlichen, gründlich auskennen, um mich eingehender mit den anderen Religionen auseinandersetzen zu können. Wer Dialog mit anderen führt, ohne seine eigene Position zu kennen, verwirrt mehr, als er vermittelt. Erst im Lauf jahrzehntelanger Studien und Dialogvorlesungen mit Fachgelehrten anderer Religionen habe ich mir jene theologischen Grundlagen und **Grundeinsichten** erarbeitet, ohne die das Projekt Weltethos, auf

welches die »Spurensuche« hinausläuft, gar nicht möglich gewesen wäre:
– Unbeschränkte Offenheit und Dialogbereitschaft gegenüber den anderen Religionen und die tiefe Verwurzelung in der eigenen schließen sich nicht aus.
– Heil für die Menschen ist auch außerhalb der katholischen Kirche, ja auch außerhalb des Christentums möglich: Wahrheitsfrage und Heilsfrage sind nicht identisch.
– Gott existiert nicht über oder außerhalb dieser Welt, sondern in dieser Welt: Transzendenz in der Immanenz.
– Jesus Christus muß von seinem irdischen Weg her verstanden werden und nicht von einer spekulativen Trinitätslehre: Christologie »von unten«.
– Aber gerade Jesus von Nazaret kann mit den anderen Großen der Weltreligionen verglichen werden und bekommt dadurch ein unverwechselbares Profil: Gemeinsames und Trennendes wird deutlich.
– Auch Nichtchristen, ja Agnostiker und Atheisten können Moral haben; gerade wenn man von der bleibenden Bedeutung der Religion überzeugt ist, sollte man dies anerkennen.
– Ein Grundvertrauen in die Wirklichkeit (das Gegenteil von Nihilismus und Zynismus) kann eine Grundmoral begründen, die jedem Menschen offensteht.
– Die Welt der Religionen ist nicht einfach irr und wirr. Vielmehr lassen sich drei große Religionsströme nahöstlicher, indischer und chinesischer Herkunft unterscheiden.
– Jede Religion hat in ihrem Stromsystem fundamentale Umorientierungen, revolutionäre Umbrüche, epochale Paradigmenwechsel durchgemacht. Doch können auch abgelöste Paradigmen weiter existieren.

So braucht denn im Leben alles seine Zeit, und wieder einmal neu machte ich die Erfahrung, daß, wenn es an der Zeit ist, sich auch die notwendige Chance bietet: 1984 erhielt ich eine Anfrage der BBC bezüglich einer großen Fernseh-Dokumentationsserie über zeitgemäßen christlichen Glauben, die ich als Autor und Präsentator gestalten sollte. Eine solche Anfrage gerade der BBC aus Zeitgründen negativ zu beantworten schien mir unvertretbar, und so arbeitete ich ein Grundkonzept für die zuständige Redaktion aus, die es denn auch mit Zustimmung aufnahm.

Zugleich aber hatte ich gehörige Zweifel, wie ich ein solches gewaltiges TV-Projekt neben meinen Tübinger Lehrverpflichtungen vollenden könnte. Und ich meine im nachhinein wieder einmal eine »verborgene« Hand über meinem Leben entdecken zu können: Bei der BBC wurde dieses Projekt auf höchster Ebene abgelehnt – wegen der vorherzusehenden enormen Kosten.

Dafür aber erklärte sich einige Jahre später, als ich diese Geschichte in privatem Kreise erzählte, der damalige Fernsehdirektor des Süddeutschen Rundfunks, Dr. Hans Heiner Boelte, spontan bereit: »Das machen wir!«. Und so habe ich es dem damaligen Süddeutschen Rundfunk (SDR, jetzt SWR) zu verdanken, daß er die Millionen an Kosten für eine Originalproduktion nicht scheute, bei der ein ganzes Fernsehteam viele Monate in den verschiedenen Kontinenten zu filmen hatte. Fast ausnahmslos Originalaufnahmen vor Ort. Erfreulicherweise kam es schon frühzeitig zu einer Zusammenarbeit zwischen SWR und der Schweizerischen Fernsehanstalt SRG, vertreten von Dr. Erwin Koller.

Oft werde ich gefragt: »Wie lange haben Sie gebraucht für dieses oder jenes Buch?« Für die »Spurensuche« hier kann ich füglich antworten: mein ganzes Leben, zumindest die fünf Jahrzehnte meines Theologenlebens. Es dürfte schon deutlich geworden sein, daß ich als »Fachmann für Religion« nicht in der Art eines Fernsehjournalisten an dieses Projekt herangehen konnte. Ich durfte nicht bloß aktuelle oder interessante Bildsequenzen aufnehmen lassen, um dann zu solchen Bildern Kommentare zu verfassen. Ich mußte einen anderen Zugang wählen, der routinierten Fernsehmachern reichlich kompliziert vorkommen mag.

Die **Methode**, die ich dabei verfolgte, war ungemein forschungs- und zeitintensiv. Ich war froh, daß ich jeden einzelnen Schritt mit meinen wissenschaftlichen Beratern, Professor Dr. Dr. h.c. Karl-Josef Kuschel und Dr. Stephan Schlensog, diskutieren konnte. Alle meine Manuskripte wurden in ihren verschiedenen Phasen von den Mitarbeitern in der »Stiftung Weltethos« gelesen, kritisiert und korrigiert.

Zunächst hatte ich für den Sender (zuständig als Redakteur Uwe Bork) ein **Gesamtkonzept** zu erstellen; diese und die folgenden Phasen wurden stets mit dem Redakteur besprochen, der um konstruktive Vorschläge nie verlegen war. Dann galt es, die zum Teil vielhundertseitigen **Studien** zu nutzen, die ich – im Dialog mit entsprechenden Fachgelehrten oder allein – zu den verschiedenen Religionen veröffentlicht hatte. Schließlich verfaßte ich ein erstes Drehbuch, das mir Gelegenheit gab, die Geschichte jeder Religion noch einmal durchzudenken und Neues zu verarbeiten. Es bildete die Grundlage für die **Erkundungsreise** der Regisseure (für Stammesreligionen, Hinduismus, chinesische Religion und Islam Wolfgang Rommel, für Buddhismus, Judentum und Christentum Dietrich Lehmstedt) und des Kameramanns (Ottmar Schnepp) zu den zuvor mit der Redaktion ausgehandelten Drehorten. Der mündliche Kundschafterbericht, dokumentiert mit Photos, gab mir die Grundlage, als nächstes in Abstimmung mit Redakteur und Regisseur eine **Kurzfassung** des Drehbuchs zu erstellen, welches mehr auf die einzelnen Drehorte einging.

Dann folgte die **Drehreise** mit dem ganzen Team: neben Redakteur, Regisseur und Kameramann als Tonmeister Roland Engele und

Dreharbeiten in Varanasi, Indien.

Nach erfolgreichen Dreharbeiten in Monastir, Tunesien.

als Kamera-Assistenten Andreas Schäfauer oder Katrin Gulde. Eine besondere Herausforderung war die Aufnahme meiner möglichst kompakten und präzisen Statements an Ort und Stelle, was wegen der oft widrigen Umstände (Straßenlärm, schlechtes Wetter, Zuschauer ...) und wegen des Verzichts auf einen Teleprompter oder auf Texttafeln oft nicht einfach war.

Von der Drehreise zurückgekehrt, wurde im Studio von Regisseur und Cutter (für alle Filme Hans-Joachim Stelse) zuerst eine **Rohfassung** des Films hergestellt, die wir eingehend besprachen; schließlich eine **Reinfassung** in etwa auf Sendelänge, die auch wieder begutachtet wurde. Erst dann wurde von mir in engster Zusammenarbeit mit Stephan Schlensog der **Sprechtext** erstellt, der Sekunde um Sekunde den Bildern angepaßt werden mußte, was uns für jeden einzelnen Film bis zu fünf Arbeitstage kostete. Im Studio erfolgte dann die **Sprachaufnahme**, bei der auch noch Vorschläge des Redakteurs, des Regisseurs und des Cutters berücksichtigt werden konnten. Erst jetzt konnte aufgrund des Sprechtextes zum Film die **Buchfassung** erstellt werden, in welche die gesamten Materialien der ursprünglichen Langfassung eingearbeitet wurden.

Es ist klar, daß bei einer solchen mehrjährigen »Joint Venture« jeder der Beteiligten seine eigene interessante Story schreiben könnte. Natürlich waren bei dieser Vorgehensweise bestimmte **Interessenkonflikte** nicht von vornherein auszuschließen. Aber die Diskussionen, zuallermeist in freundschaftlichem Geist, haben dazu geführt, daß wir gemeinsam Filme von hoher Qualität herstellen konnten.

Viele Gespräche waren nötig, manchmal auch **diplomatische Fähigkeiten** gefordert. Und ich war froh, daß ich in entscheidenden Momenten auch immer die nötige Unterstützung gefunden habe, etwa:
– die von Bundespräsident Dr. Roman Herzog, dessen Stab mir auf dem

Staatsbesuch nach Israel und Jordanien half, endlich die Dreherlaubnis der tunesischen Regierung für ihr Land zu erhalten (das Team saß unterdessen für drei Tage in Tunis buchstäblich fest);
– die des Schweizer Botschafters bei der Volksrepublik China, Dr. Uli Sigg, der die festgefahrenen Verhandlungen bezüglich einer Dreherlaubnis in China wieder in Gang brachte – für die chinesischen Behörden ist das Thema Religion in jeder Hinsicht eine hochsensible Thematik (wegen des Islam, der katholischen Untergrundkirche und aller möglicher Sekten wie etwa Falun Gong);
– die der Schweizer Bank im Rockefeller Center in New York, die uns gestattete, von ihrem Dach aus die St. Patrick's Cathedral zu filmen, nachdem wir von unserer New Yorker Producerin auf das falsche Gebäude geführt worden waren;
– die des Imams der Moschee Islah von Marseille, des Pfarrers an der katholischen Südkirche in Peking, des Generaldirektors für öffentliche Kommunikation in Tunis, wo oft ein Telefonanruf oder ein persönliches Gespräch verschlossene Türen öffnen konnten.

Den Verantwortlichen im SWR habe ich es zu verdanken, daß wir einige methodische Grundentscheidungen richtig trafen:
– **Keine Interviews**, die im Rahmen der historisch-systematischen Gesamtkonzeption zuviel Zeit erfordert hätten, wohl aber die Dokumentation möglichst vieler Menschen in ihrem Leben oder in ihrer Funktion (Papst, Patriarch von Moskau, Dalai Lama, führende Mönche des Mahayana-Buddhismus, Reformrabbiner in New York, jüdischer Kantor in Berlin).
– **Keine verschiedenen Sprecher** in den einzelnen Filmfolgen, was bei dem dichten Text eher unruhig gewirkt hätte, sondern der kontinuierliche Kommentar des Verfassers selber, der seinen eigenen Text mit persönlichem Engagement sprechen durfte.
– **Keine Archivaufnahmen** (abgesehen von wenigen Fotos, Kunstwerken und Szenen der den Nicht-Muslimen verbotenen Städte Mekka und Medina), sondern überall aktuelle Aufnahmen vor Ort mit der bestmöglichen digitalen Technik.

Ein Wort des Dankes

Ich gestehe sogleich, daß ich mich völlig außerstande sehe, meine tiefe Dankbarkeit auch nur einigermaßen adäquat auszudrücken. Denn so viele haben sich seit der ersten Planung dieses Multimedia-Projektes intensiv eingesetzt, daß ich nur ihre Namen nennen kann. So danke ich zuerst von Herzen Graf und Gräfin von der Groeben, deren **Stiftung Weltethos** in unerwarteter und unschätzbarer Weise ideale organisatorische Rahmenbedingungen für dieses anspruchsvolle Projekt im Dienste des Weltethos geschenkt hat, was meine ganze Arbeitskraft erfordern sollte;

– dann den beiden akademischen Beratern, Professor Dr. Dr. h.c. Karl-Josef Kuschel und Dr. Stephan Schlensog, die das Projekt von Anfang bis Ende mit großer Einfühlung und Kompetenz begleitet haben;

– ferner den Sekretärinnen, Inge Baumann, Eleonore Henn und Anette Stuber-Rousselle M.A., die meine von Hand geschriebenen und dann diktierten Manuskripte in unendlich vielen Fassungen immer wieder neu erstellt haben;

Mitarbeiter der Stiftung Weltethos.

– weiter Marianne Saur, die meine Manuskripte meist als erste auf Allgemeinverständlichkeit hin geprüft hat;

– schließlich den wissenschaftlichen Mitarbeitern der Stiftung Weltethos, Dr. Günther Gebhardt und meinen früheren Mitarbeitern Dr. Johannes Frühbauer und Dipl. theol. & biol. Michel Hofmann, für ihre wertvolle und gewissenhafte Korrekturarbeit.

Nicht weniger zum Dank verpflichtet bin ich den Verantwortlichen des **Süddeutschen Rundfunks (SDR)** und jetzigen **Südwestrundfunks (SWR)**, der das kostenaufwendige Fernsehprojekt realisierte. In erster Linie dem damaligen Fernsehdirektor Dr. Hans Heiner Boelte, der meine

Idee so rasch aufgegriffen, und dem Intendanten des SDR Hermann Fünfgeld, der dem großen Projekt seine Zustimmung gegeben hat. Nach der Fusion haben beim Südwestrundfunk (SWR) Intendant Professor Peter Voß und Fernsehdirektor Dr. Christof Schmid unsere Bemühungen in gleicher Weise unterstützt. Besonders erfreut war ich, daß das Schweizer Fernsehen SRG, vertreten durch Dr. Erwin Koller, sich zu einer Koproduktion bereit erklärte, so daß die sieben Fernsehfilme zuerst in meiner Schweizer Heimat gezeigt werden konnten.

Mein ganz besonderer Dank gilt natürlich unserem hochprofessionellen **Fernsehteam**, das alle Abenteuer einer solchen Produktion tapfer mitgemacht und die oft etwas ungewohnten Ideen schließlich doch realisiert hat: dem verantwortlichen Redakteur Uwe Bork, den beiden erfahrenen Regisseuren Dietrich Lehmstedt und Wolfgang Rommel sowie dem erstklassigen Kameramann Ottmar Schnepp mit seinen Kamera-Assistenten Katrin Gulde und Andreas Schäfauer und dem zuverlässigen Tonmeister Roland Engele. Unterstützt wurden sie von Stuttgart aus durch die Produktionsleiter Volker Hinze und Boris Bugla, die sehr viel Mühen mit unserem Projekt hatten. Den verschiedenen Producern vor Ort, die uns unschätzbare Dienste geleistet haben, sei hier gemeinsam gedankt. Für die exzellente Nachbearbeitung im Studio verdienen meinen besonderen Dank Hans-Joachim Stelse (Schnitt) und Stefan Otto (Tonmischung). Nicht zu vergessen die jungen Komponisten von der Filmakademie Ludwigsburg, die für die Musik zu den einzelnen Filmen verantwortlich zeichnen.

Die Herausforderung eines in vielfacher Hinsicht außerordentlichen Sachbuches, welches auch ganz unabhängig vom Film seinen Eigenwert besitzt, hat von vornherein mein altbewährter Piper Verlag übernommen und sich in jeder Hinsicht mächtig dafür eingesetzt, daß ein leicht lesbarer und ästhetisch ansprechender Text-Bild-Band entstand. Ich war in jeder Hinsicht gut beraten und danke sehr herzlich dem Verleger Viktor Niemann und dem Verlagsleiter Dr. Wolfgang Ferchl und dann vor allem dem Lektor Ulrich Wank und dem Hersteller Hanns Polanetz, mit denen ich nun schon so viele Jahre fruchtbar zusammenarbeite, ferner Eva Brenndörfer (Presseleitung) und Ingrid Ullrich (Werbeleitung).

Wollte ich all denen danken, denen ich als Theologe meine Kenntnisse in der **Religions- und Kulturwissenschaft** verdanke, käme ich an kein Ende. Sehr wertvolle Anregungen und Korrekturen bezüglich der verschiedenen Kapitel verdanke ich vor allem Professor Dr. Josef van Ess, Botschafter a.D. Dr. Murad Hofmann, Professor Dr. Thomas Hauschild, Dozentin Dr. Erika Dettmar und Frau Jetty Fern, Dr. Stephan Peter Bumbacher, Dr. Yang Xusheng, Alois Payer M.A. und in Japan Dr. Martin Repp. Ihnen allen meinen herzlichen Dank.

Einen besonders wichtigen Beitrag zu diesem Multimedia-Projekt leistete die **Stiftung Weltethos Schweiz**, welche es ermöglichte, daß mein engster Mitarbeiter bei diesem Projekt, Dr. **Stephan Schlensog**, mich auf all den vielen Reisen beratend und unterstützend begleiten konnte. Gleichzeitig war er als Photograph für die Bild-Dokumentation des Projekts in diesem Band zuständig; die allermeisten der außerordentlich eindrucksvollen Photos verdanken wir ihm. Er ist auch verantwortlich für die hervorragende Gestaltung dieses Bandes in Layout und Satz.

Natürlich kann auch ein noch so sorgfältig ausgearbeitetes und von so vielen Hochqualifizierten und Engagierten mitgetragenes Projekt Mißverständnisse und Vorurteile bei Lesern, Zuschauern und Rezensenten nicht von vornherein ausschließen. Aber ich bin erfreut, auf welch großes Interesse und Wohlwollen die Filmserie stößt, vor allem als Video- und DVD-Fassung gerade in Schule und Erwachsenenbildung. Und dies wünsche ich auch dem vorliegenden Sachbuch.

Tübingen, im Herbst 2005

Hans Küng

Bildnachweis

Stephan Schlensog – Stiftung Weltethos, Tübingen: S. 15, 18, 21, 25, 34, 35, 39, 43, 45, 47, 49, 50, 58, 59, 60, 64, 66, 70, 71, 72, 77, 79, 80, 84, 85, 90, 91, 95, 96, 102, 105, 107, 113, 117, 118, 127, 130, 133, 135, 136, 137, 140, 141, 143, 145, 148, 149, 152, 158, 160, 162, 163, 164, 166, 169, 173, 174, 176, 177, 178, 180, 181, 196, 197, 199.

Katrin Gulde, Stuttgart: S. 183, 188.

SWR, Stuttgart/Baden-Baden (Ottmar Schnepp): S. 16, 28, 53, 56, 61, 65, 68, 74, 82, 99, 100, 111, 119, 121, 125, 128, 185, 191.

SWR, Stuttgart/Baden-Baden: S. 155, 156.

VG Bild-Kunst, Bonn / RMN-ADAGP, Paris:
Die Bilder von Marc Chagall
- Isaaks Opfer (S. 23)
- Moses vor dem brennenden Dornbusch (S. 30)
- König David (S. 37)
- Prophet Jeremia (S. 40).

Spenden zur Unterstützung der sehr vielfältigen Aufgaben der gemeinnützigen Stiftung Weltethos für interkulturelle und interreligiöse Forschung, Bildung und Begegnung (http://www.weltethos.org) sind hochwillkommen:

Stiftung Weltethos (Deutschland)
Deutsche Bank Tübingen
BLZ 640 700 85
Konto 12 12 620

Stiftung Weltethos (Schweiz)
UBS CH-8098 Zürich
Konto 230-506.795.01 L

PIPER

Hans Küng
Spurensuche

Die Weltreligionen auf dem Weg. 317 Seiten, durchgehend farbig bebildert. Gebunden

Hans Küng hat sich aufgemacht, die geistige Substanz der Weltreligionen fundiert und anschaulich zu beschreiben und für jedermann verständlich zu erklären. Er lädt uns ein zu einer spannenden Spurensuche durch alle Zeiten und Kontinente. Mit der Kompetenz des großen Wissenschaftlers geschrieben, aber ständig an der lebendigen Wirklichkeit des Menschen orientiert, beschreibt, erzählt und erklärt er das gesamte Spektrum der Religionen. Der gewaltige Stoff gliedert sich in sieben Teile: Stammesreligionen, Hinduismus, Chinesische Religion, Buddhismus, Judentum, Christentum, Islam. Faszinierende Bögen werden geschlagen: vom Ayers Rock nach Mekka, von einer Synagoge in New York zum tibetischen Kloster, von Konfuzius zu Muhammad.
Hans Küng macht neugierig, bietet eine Fülle an Wissenswertem, regt an, über die großen Religionen und ihre Bedeutung für die Menschheit neu und anders nachzudenken.

01/1168/01/R

Von Hans Küng liegen in der Serie Piper vor:
20 Thesen zum Christsein (100)
24 Thesen zur Gottesfrage (171)
Ewiges Leben? (364)
Die Kirche (582)
Menschwerdung Gottes (1049)
Projekt Weltethos (1659)
Denkwege (1670)
Christ sein (1736)
Christentum und Weltreligionen – Islam (mit J. v. Ess, 1908)
Credo (2024)
Christentum und Weltreligionen – Hinduismus (mit H. v. Stietencron, 2055)
Christentum und Weltreligionen – Buddhismus (mit H. Bechert, 2130)
Existiert Gott? (2144)
Christentum und Weltreligionen – Chinesische Religion (mit J. Ching, 2738)
Das Judentum (2827)
Das Christentum (2940)
Wissenschaft und Weltethos (3247)
Die Frau im Christentum (3327)
Dokumentation zum Weltethos (Hrsg., 3489)
Rechtfertigung (4039)
Erkämpfte Freiheit (4135)
Spurensuche 1 (4292)
Spurensuche 2 (4293)
Musik und Religion (4607)